青少年身体素质练习方法

[美] 斯科特·兰卡斯特（Scott Lancaster）
拉杜·特奥多雷斯库（Radu Teodorescu） 著

史东林　郭丞　张建　译

人民邮电出版社
北京

图书在版编目（CIP）数据

青少年身体素质练习方法 /（美）斯科特·兰卡斯特
(Scott Lancaster)，（美）拉杜·特奥多雷斯库
(Radu Teodorescu) 著；史东林，郭丞，张建译. — 北
京：人民邮电出版社，2017.4
ISBN 978-7-115-43903-1

Ⅰ. ①青… Ⅱ. ①斯… ②拉… ③史… ④郭… ⑤张
… Ⅲ. ①青少年—身体素质—运动训练—研究 Ⅳ.
①G808.17

中国版本图书馆CIP数据核字(2016)第325406号

版权声明

免责声明

作者和出版商都已尽可能确保本书技术上的准确性以及合理性，并特别声明，不会承担由于使用本出版物中的材料而遭受的任何损伤所直接或间接产生的与个人或团体相关的一切责任、损失或风险。

内 容 提 要

本书旨在通过强度适宜、避免损伤、寓教于乐的训练方法，帮助每一位参与体育活动的青少年全面发展其运动潜能。通过集趣味性、自主性及自我评估功能于一体的练习系统，本书帮助青少年发展柔韧、力量、平衡、速度、耐力、灵敏、协调 7 大基本运动素质，从而提升运动技能。

本书还介绍了各项练习在棒球、足球、篮球、网球等 7 项运动中的运用，旨在最大化激发青少年身体潜能，为他们打开一扇通向终身参与体育运动和健康生活的大门。

◆ 著　　　[美] 斯科特·兰卡斯特（Scott Lancaster）
　　　　　　　拉杜·特奥多雷斯库（Radu Teodorescu）

　　译　　　史东林　郭　丞　张　建

　　责任编辑　李　璇

　　责任印制　周昇亮

◆ 人民邮电出版社出版发行　　北京市丰台区成寿寺路 11 号
　　邮编　100164　电子邮件　315@ptpress.com.cn
　　网址　http://www.ptpress.com.cn
　　北京虎彩文化传播有限公司印刷

◆ 开本：700×1000　1/16
　　印张：10.75　　　　　　　2017 年 4 月第 1 版
　　字数：187 千字　　　　　2024 年 8 月北京第 37 次印刷

　　著作权合同登记号　图字：01-2016-4057 号

定价：59.80 元

读者服务热线：(010)81055296　印装质量热线：(010)81055316
反盗版热线：(010)81055315

广告经营许可证：京东市监广登字 20170147 号

谨以本书献给我的儿子贾斯汀（Justin），他运动的激情一直激励着我想要为他及他这一代人做更多的事情。本书也献给我的妻子苏珊（Susan），他对我的爱、对我的支持和理解让本书得以顺利呈现在读者眼前。

——斯科特·兰卡斯特（Scott Lancaster）

我要把这本书献给我的两个儿子，亚历山大和安德鲁，感谢他们的支持和给我的灵感。跟他们在一起时缺少相关运动资料的体会让我写这本书变得更容易，我相信每个家庭在现实中都需要这样一本书。

——拉杜·特奥多雷斯库（Radu Teodorescu）

译者序

    青少年是国家之未来，民族之希望。青少年作为各行业的未来建设者和接班人，其身体素质和价值观将直接影响到整个人类社会的事业发展。强健青少年体魄，帮助青少年培养良好的生活习惯和运动家精神，有利于其正确人生观和价值观的塑造，也是国家和民族发展的百年大计。

    然而，当前关于我国青少年儿童体质连续下滑的各类报道不断，肥胖、豆芽菜体型和患有近视眼的青少年人群数量急剧增长，电脑游戏、垃圾食品、久坐少动的现代生活方式带来的大量侵害和不良影响，引起社会各界重重担忧。为此，国家出台的一批诸如《中共中央国务院关于加强青少年体育、增强青少年体质的意见》、《国家中长期教育改革和发展规划纲要（2010-2020 年）》、《全民健身计划（2011-2015 年）》、《关于加快发展体育产业促进体育消费的若干意见》的重要政策方针当中，都有关于对青少年体育工作指导的具体内容，习近平总书记在南京青奥会期间，对加强青少年体育工作也做出了重要指示。这表明，我们需要从实现中华民族伟大复兴的战略高度来重视发展青少年体育事业。

    青少年身体素质练习是青少年教育体系中不可或缺的重要部分。相比国外体育强国多年的系统研究和推广实施，我国的儿童青少年体育教育整体仍处于相对落后地位。我们还缺乏多样化的青少年身体素质练习手段，缺乏系统深入的研究支撑和长期发展的详细规划设计。整体来说，国内儿童及青少年的身体训练体系还有待构建。

    本书作者 Scott Lancaster 和 Radu Teodorescu 是美国知名的青少年训练专家，对于青少年体能训练都有着独特思路和见解，根据不同年龄段儿童青少年的生理和心理等发展特征，根据当前国外流行的 LTAD 青少年运动发展模型，在书中重点阐述了在棒球、篮球、橄榄球、曲棍球、长曲棍球、英式足球以及网球等专项运动中，如何合理制定青少年的具体身体训练方案（包括教练、运动员的合理分配，场地、器材的安排与使用，训练课的强度负荷设置等），并详细介绍了青少年在不同年龄段身体素质发展的敏感期和需对应发展的柔韧、力量、平衡、速度、耐力、灵敏和协调共七大基本运动素质的针对性训练方法。

本书的独特之处在于，它打破传统固定的体能训练传统，而设计了一些青少年喜好并易接受的创新性体能练习方法，通过一些极具趣味性和挑战性的动作来实施训练干预，让每一位青少年都能够毫无压力的参与其中，在轻松和欢乐中逐步提升自身的身体素质和运动表现。

付梓之际，衷心感谢原作者 Scott Lancaster 和 Radu Teodorescu 的智慧与创作，感谢国家体育总局训练局体能训练中心王雄老师的全程相助，感谢我的同事郭丞、张建、张晁赫和赵宁宁以及我的学生王旭和马天择的辛勤付出。译者水平有限，错漏之处，还请读者及同仁不吝指正。

少年强则国强。衷心期望本书能够为国内青少年体能训练带来一种科学、趣味的新理念，期待更多的青少年能因此有所获益，将善莫大焉。

致谢

我要感谢我的编辑劳伦·普洛特则克（Laurel Plotzke）和曼蒂·伊斯丁 - 艾伦（Mandy.Eastin-Allen）在整个项目中的耐心和奉献。我也非常感谢马丁·巴纳德（Martin Barnard）认可这个项目，并让我与赫尔曼·金地（Human Kinetics）签下这本书。

对于出书，总需要有一个强大协作的团队来完成各种事情。李·贝克尔（Lee. Becker）就是这样的一个人，他总是能够促使各种事情顺利完成。感谢新泽西州巴斯金里奇镇（Basking Ridge）的人们，他们和蔼地接待我们并允许我们拍照。我也感谢所有的孩子们，他们在非常热的一天里，耐心地为我们的摄影师演示所有的训练。感谢我的家乡纽约萨默斯（Somers，New York）和罗马·卡特林诺（Roman Catalino），在这里我开办了许多医疗诊所，这为我撰写本书奠定了基础。

特别感谢卡普里奥（CapRio）管理中心的所有人，他们相信并支持这个项目的整体愿景。

感谢天狼星电台体育节目的副总裁史蒂夫·科恩（Steve Cohen），以及天狼星美国橄榄球联盟的主持人蒂姆·瑞安（Tim Ryan）和帕特·科文（Pat Kwan），他们将我的青少年体育解决方案在美国体育广播公司和天狼星美国橄榄球联盟节目中播出，向全国众多的父母和教练推广。

同时，感谢比尔·迈尔（Bill Maier）和肖恩·布劳利（Sean Brawley）在整个写作过程中的支持和深刻见解。

最后，感谢迈克·维奥克（Mike.Wiocik）独具一格的创造性教学和指导方法，和我在锡拉丘兹（Syracuse）大学的田径教练一样，让我增长了见识。迈克的创新方法唤醒了我通过许多不同和创造性的方式来让运动员学习和提高成绩。

——斯科特·兰卡斯特（Scott Lancaster）

我要感谢编辑劳伦·普洛则克（Laurel.Plotzke）和曼蒂·伊斯丁 - 艾伦（Mandy. Eastin-Allen），感谢他们在整个项目中无私的奉献、耐心和支持。

——拉杜·特奥多雷斯库（Radu Teodorescu）

目录

扫描右方二维码添加企业微信。

1. 首次添加企业微信，即刻领取跳绳课优惠券。

2. 加入体育爱好者交流群。

3. 不定期获取更多图书、课程、讲座等知识服务产品信息，以及参与直播互动、在线答疑和与专业导师直接对话的机会。

练习查询

练习编号	练习名称	运动应用							页码
		棒球	篮球	橄榄球	曲棍球	长曲棍球	足球	网球	
柔韧性									
3.1	障碍物课程热身	√		√		√	√		20
3.2	肩关节前部活动度	√	√	√		√	√	√	21
3.3	肩关节上部活动度	√	√	√	√	√	√	√	22
3.4	肩关节后部活动度	√	√	√	√	√	√	√	23
3.5	髋关节两侧活动度	√	√	√	√	√	√	√	24
3.6	髋关节前部和两侧活动度	√	√	√	√	√	√	√	25
3.7	静态拉伸	√	√	√	√	√	√	√	27
3.8	足球热身						√		32
3.9	网球热身							√	33
协调性									
4.1	跺脚和拍手	√	√	√	√	√	√	√	38
4.2	反应性提膝练习	√	√	√	√	√	√	√	39
4.3	多向弓箭步	√	√	√	√	√		√	40
4.4	协调性跳跃	√	√	√	√			√	42
4.5	脚眼配合协调性			√	√			√	43
4.6	循环控球				√		√		45
4.7	下肢颠球			√		√	√		46
4.8	击球	√			√	√		√	48
4.9	运动中的手眼协调性	√	√	√	√	√		√	50
4.10	橄榄球协调性			√					52
4.11	长曲棍球协调性					√			54

练习编号	练习名称	运动应用							页码
		棒球	篮球	橄榄球	曲棍球	长曲棍球	足球	网球	
平衡能力									
5.1	动态平衡性	√	√	√	√	√	√	√	59
5.2	跪姿平衡性	√	√	√	√	√	√	√	62
5.3	平衡板训练	√	√	√	√	√	√	√	63
5.4	不同身体姿态下的平衡训练	√	√	√	√	√	√	√	65
5.5	骑行平衡训练	√	√	√	√	√	√	√	66
5.6	卷体、平衡和跑步		√	√	√	√	√		69
5.7	网球平衡训练							√	71
5.8	篮球平衡训练		√	√	√				72
耐力									
6.1	年幼儿童的耐力训练	√	√	√	√	√	√	√	78
6.2	年长儿童的耐力训练	√	√	√	√	√	√	√	79
6.3	场地跑	√	√	√	√	√	√	√	81
6.4	场地上下跑	√	√	√	√	√		√	82
6.5	场地内外跑	√	√	√	√	√		√	84
6.6	水中跑步	√	√	√	√	√		√	86
6.7	终极飞盘	√	√	√	√	√	√	√	86
6.8	棒球耐力训练	√							87
6.9	橄榄球耐力训练	√							89

练习编号	练习名称	运动应用							页码
		棒球	篮球	橄榄球	曲棍球	长曲棍球	足球	网球	
敏捷性									
9.1	身体意识和控制	√	√	√	√	√	√	√	135
9.2	变向移动	√	√	√	√	√	√	√	137
9.3	多项连续运动	√	√	√	√	√	√	√	138
9.4	加快腿部速度	√	√	√	√	√	√	√	141
9.5	双腿交叉移动	√	√	√	√	√	√	√	143
9.6	30 码运动障碍			√		√	√		146
9.7	止步、转体和离去			√		√	√		148
9.8	跑动射门与跑动投掷	√		√		√			149
9.9	足球敏捷性		√		√		√	√	150

第 1 章

运动员健身方法

所有的运动都是以运动员最有效的运动方法为基础进行的，运动员可以在这些运动中展现出一些技巧。为了使运动员在一项运动中能够有所改善和提高，当进行专项运动时，运动员需要体验他们的身体如何做出反应。如果他们不经历这种体验，那么在上场比赛时就会处于明显的劣势。例如，一个年轻的棒球运动员可能掌握了防守滚地球的基础知识，但不知道如何有效地从不同方向接近球的位置。本书专为年轻运动员而准备，目的是在各种运动情景中，让他们可以自信轻松地执行各种专项运动技术。希望我们的教学方法可以作为更多年轻运动员的选择，并且希望他们的自信和能力会随他们的成熟而有所增强。

我们的运动健身方法侧重于基本运动原理，对参加运动的年轻运动员的整个身体都是有好处的。在这一章中，我们将讨论运动过程的组成部分，提高专项运动技能的方法，以及将我们的过程方法整合到年轻运动员的运动训练中的好处。

什么是运动员健身计划

一项运动健身计划应该是一个用于改进运动能力的、有趣且富有创造力的方法。对于任何一项成功的运动，我们的训练计划都会将其基本组成分解为 7 个运动基本要素。这 7 个运动基本要素是柔韧性、协调性、平衡能力、耐力、力量、速度和敏捷性。我们的训练计划在这 7 个方面对运动员都有所帮助，让他们成为更全面、身心素质更扎实的运动员。

通过将所有领域的健身运动训练结合到实践或训练课程中，能够全面开发运动员的运动潜力，帮助改善他们的基础专项运动技能，从而提高整体能力。总的来说，适当地引入和发展这些运动的各个方面，可帮助青少年运动员在其所选的任何运动中打下基础。随着这 7 个运动方面的提高，运动员将会发现他们能够在重要比赛中执行特定的基本技能，例如在奔跑时投掷（敏捷性、平衡能力、协调性）；躲避多人防卫（敏捷性、速度、协调性）；撞击棒球（协调性）；在足球、曲棍球或长曲棍球比赛中遇到撞击后保持控球（敏捷性、平衡能力）；在曲棍球比赛中夺球（力量、协调性）；在足球比赛中最后的追逐（耐力、速度）。

运动员运动健身计划背后的核心理念（也就是本书背后的核心理念）是改变传统固定训练方法。我们训练方法的目标是让青少年运动员以喜爱和快乐的方式，设计出富有创造性地训练方式。在我们的方法中，训练多是通过有趣的动作和活动来实施的，且可以进行自我检测和评估。我们的方法的独特之处就是每个人都可以毫无压力地参与其中并挑战自我，运动员通过反复地练习来提高自己，不断突破设定的目标和他们以前的表现，实现对自己的评估。这在某些运动中是一种常见的方法，例如滑板、帆船、冲浪、骑行等运动，运动员努力达到他们设定的目标。通过我们的方法，运动员能够通过不被他人批评、循序渐进、挑战自我的方式愉快地进行训练，以完成自我认知和修正，而不是互相竞争或被外界干扰。

在本书中，这 7 个基本的训练要素都独立成章，每章还包括能够让运动员跟踪和测试自己运动过程和自我检测评估方法。训练采用的单位为英制度量。每章都介绍了执行每个训练的正确技巧，如何结合运动器械及与环境相适应，以及引入组合的方式，帮助运动员在面对比赛时能够适应各种运动场景。比如，我们不仅会讨论如何提高直线速度，还会要求运动员多方向移动、突然停止以及随后重新起动。我们建议在每章结束时一次性挑几个练习让运动员做，用自我检测来对他们的学习过程进行评估。

在本书中你找不到运动的特殊技巧说明。为了开发运动员的专项运动技能，我们建议在专项运动之前和过程中结合我们的运动健身方法。运动员在训练场或比赛场上逐渐产生的自信，将一直伴随其运动生涯。如果运动员只是单一地努力提高自己的速度、增强灵活性、维持力量、保持平衡能力或锻炼耐力，即使再好的专项运动训练也不会大幅提高他们的运动表现。不管是在赛季还是非赛季，常规运动技巧的持续开发是专项运动训练的主要组成部分。

一项运动健身计划应该是一个用于改进运动能力的、有趣且富有创造力的方法，将所有领域的健身运动结合到运动训练课程中

　　本书不是专项运动方法的说明，而是讲述在棒球、篮球、橄榄球、曲棍球、长曲棍球、足球和网球等运动中发现的专项运动技巧的训练和活动的多样性，将这些专项运动技巧直接应用到我们关注的运动要素，并在运动训练或是运动课程中为每个运动员的特定运动提供应用这些运动要素的思路。本书的附录为年轻运动员在训练和比赛中如何正确地进行投掷提供了一些专业投掷建议。

采用健身计划有何益处

　　如果在你对青少年运动员（或自己孩子）的训练中结合了我们的方法，那么在他们的运动技能和与之相关的专项运动技能中，你将会看到他们运动表现能力的提升，你还会目睹他们整体体能水平的明显改善。

下一次你参加一个青年运动项目，可以先把重点放在孩子们如何移动上。观看他们如何在球场上或者场外跑上跑下，以及他们如何跳、踢和扔。你将会发现一些孩子出类拔萃，而其他的孩子让人看起来相对笨拙。这是因为有的孩子在基础运动上训练有素，而其他人甚至缺乏最基本的运动技能。即使在高水平的校队中，你可能也会看到棒球选手和橄榄球四分卫拙劣的投掷技术，篮球运动员不正确的跳跃，橄榄球运动员无法找到自己合适的位置，或者后卫球员错误的奔跑方式。而事实是，许多运动员没有真正发觉他们的运动潜能，并且从没有达到他们最好的运动表现，这都是因为他们青少年时期没有进行良好的训练。

所有孩子每天上学都有体育课的日子已经一去不复返了。如今，学生们每周能安排一小时任何形式有组织的训练活动时间已经是非常幸运的了。当今社会的科技迅猛发展，促使孩子们养成了久坐的习惯，也减少了健康的身体活动时间，甚至许多孩子都不想外出游玩，我们需要尝试新的训练方法来引导这些孩子们。青少年竞技体育的传统训练方法主要关注的是运动员对专项比赛储备，强调的是学习专项比赛的技战术。尽管这是训练中十分重要的部分，但是这不应该是唯一的关注点。遗憾的是，富有创造性的健身和运动技能都不是在家中、操场或公园中开发的。因此，在比赛前，必须额外花时间来掌握全面的运动技能，孩子们在比赛时才能正确运用。这样做会使教练工作更有效率和价值，而且每个孩子都能享受运动。

这在滑板运动员、滑雪运动员和 BMX 车手也同样适用。这些运动员专注于与朋友们的自由比赛，以及培养自己的创造力和运动健身技能。他们经常花费几小时、几天，甚至几年时间通过竞技运动的组合试验来完善技能。多年来，体育界瞧不起这些运动队，因为他们对传统体育训练方法不同。但具有讽刺意义的是，在新一代的孩子中，这些孩子确是基础最扎实和身体最好的运动员。在他们极富有创造性的技能和练习中，他们逐渐培养 7 大运动要素：敏捷性、平衡能力、协调性、柔韧性、速度、耐力和力量。

我们相信，这本书中的方法可以提高每个孩子的学习能力，并用他们自己的能力继续学习；可以帮助孩子们挑战自我，和衡量自身的进步，并促进他们自我学习和自我激励，不断提高他们的运动表现，和主动预防不良的运动习惯。我们希望本书能帮助激发您在培养年轻运动员基础技能时的激情和热情，让他们在自己所选的运动中有所发展。

　　另一个值得关注的是青少年参与体育项目过度的专业化（全年进行一项运动），这在青少年运动员中越来越普遍。许多孩子仅进行一项运动，并在校队进行全年的训练，暑假期间还要去夏令营。这就意味着对身体等部位过度的使用，身体几乎没有休息和恢复。在进行超过一个赛季或整整一年的训练后，将会有许多运动员面临着较高运动损伤。我们运动方法包括了多种训练选择，为平衡体育运动和比赛提供了方法，为运动员未来的表现、健康、运动健身的发展做了准备。我们的方法观注身体的多个部位，从而避免了如今许多年轻运动员的过度伤害。

　　运动的基础训练令人心生厌烦，就像其他工作一样。体育和运动人才的培养方式也不能一成不变。重要的是通过在家里、公园或者团队练习中使用我们的方法，发掘每一个孩子的全部潜力。本书提供的新方法会让青少年运动员从中获得乐趣。在本书中，我们为每个爱好运动的孩子提供富有创造性、有价值且便于评估训练成果的指导。总之，我们要青少年变得更自信、更踊跃且更有能力的同时，让运动更有乐趣。

第2章

设定训练计划

运动员的体能训练计划与你看到的大多数社区训练不同，也和日常的青少年体育活动有所不同，所以你可能会对如何开始制定训练计划上而感到困惑。在本章中，我们将详细解释如何制定和实施训练计划，包括制定时间表，到安排场地和所需器材设施。我们还会为参与者尽可能制定一个既有趣又有效的训练计划。读完本章后，你可以着手学习后续章节中的训练和活动，并开始拟定一个专属于你自己的训练计划。

训练计划的类型

我们的训练方法可以通过两种方式的实施，来满足一名运动员的全部需求。第一种方法是一名父母和一个孩子一起训练，在家里为准备参加特定体育项目而开发孩子的全部 7 种运动要素。第二种方法是发展社区运动计划，来开发孩子的 7 种运动要素。在这项计划中，我们不被特定体育项目的概念束缚，所以训练中应包括可能适合于未来任何体育项目的基础动作和技能。

父母与孩子的家庭训练

父母可以与孩子一起在自家后院实施训练，为孩子准备即将到来的运动赛季。父母应帮助孩子努力训练某个专项运动技能，并在赛季开始前帮助孩子熟练掌握此专项运动技能。父母可以通过为孩子制定一套训练计划，来全面提升孩子的运动体能，然后再逐渐与孩子参加比赛所需的专项运动技能相结合。

每一个孩子都有自己不同的需求，所以父母要与孩子一起决定一周练几次，以及训练课要持续几周。训练可以逐渐地进行，经过一年甚至更久的训练课程后，孩子逐步地提高了自己技能水平。与此相反，训练也可以加大强度，并集中在短时间内进行，这样是为了孩子准备参加专项运动赛季。一个参加定期训练的孩子比不经常训练的孩子取得更大的进步，更快地达到较高的运动水平。

我们来看一个棒球训练计划的例子。棒球赛季将于 6 周后开始，家长认为孩子需要提高接球和击球的技术。而协调性训练可以帮助孩子提高该专项能力。于是家长制定了 6 周的训练计划，每周两次训练课，主要强调协调性训练，同时将其他一些运动要素的训练作为补充。这是因为运动员需要是多种运动要素的协同发展，而只进行体能要素训练（在本例中是协调性）是不会取得太大进步的。

首先，第一步是从第 4 章中选择一些手眼协调的训练。将这些训练整合到 12 次训练课中，以此提高普通的手眼协调能力。然后从其他剩余章节中各选择两项训练，并将这两项训练整合到前 8 次训练课中，以此帮助运动员提高其他体能要素，作为对运动员手眼协调能力训练的补充。注意，不要将这两项训练同时安排在同一次训练课中，每次课仅挑选一项训练，并轮换进行，这样每项训练在全部 8 次课中共完成 4 次。完成 8 次训练课程后，如果孩子在除运动专项训练之外的一般性训练中取得进步，则可以选择一项棒球专项训练，并将其整合到最后 4 次训练课中。

为了使运动员保持兴趣和提供多样化训练，每次课应该不超过 90 分钟，每项训练在每次课中最多持续 20 分钟，运动员在课程之前要进行热身，课后要进行整理；并确保每次课更换训练和比赛方式，让孩子感受到新的挑战和惊喜。同时要确保孩子在做这些技能训练时不要太在意他的缺点，避免让孩子对自己产生质疑，确保孩子被这些训练体验所吸引并从中体会到乐趣。

此方法适用于任何一项运动。例如，运动员可以重点专注于足球的敏捷性训练、篮球的速度训练和冰球的平衡性训练。但不管专注于哪一方面，都需要记住以下几项原则：（1）在整个目标体能要素的训练中融入一般性训练（不是运动专项训练）；（2）用其他运动要素章节中的训练和比赛作为补充训练；（3）如果运动员在目标运动要素的训练中取得进步，则可以加入专项运动训练。

联合训练

家庭运动专项训练的一个备选方案是，对于小镇或父母群组而言，可以基于整体的运动技能和发展而组建一个联合计划。此计划中的某个"赛季"重点关注一项特定运动技能（如投掷），每次训练课都从 7 个运动要素章节中选用训练和比赛（如手眼协调性、敏捷性和速度），以此来提高这项技能。运动员的进步通过运动员在赛季中的比赛个人进步统计图表来衡量。这种训练可能不太像传统训练，但是这种训练提高了青少年运动员的兴趣和专注力，让运动员可以更快地掌握相应技术。

我们之所以使用联合（league）训练的这种方式，是因为这种方式为大多数人提供了一种有组织的运动架构。然而，与传统的联合方式不同，在这里锻炼和比赛没有区别。一个运动员通过联合训练更多的是挑战自我，而不是要与其他运动员比较。与传统联合训练不同，此计划会跟踪每个运动员在整体运动技术和基本素质两方面的进步。与滑板运动和滑雪运动训练有明显的区别不同，此方法通过练习和完善特定的运动技能，鼓励孩子努力提高运动基本素质；尤为重要的是让所有运动员都提高了其运动成绩，在他们自己的训练过程中学到了新的运动技能，在较小的压力下取得了较多的收获。

还有一点与传统联合训练不同，教练没有一个指定的队伍，也不会设定重点运动员。所有运动员公平参与，教练悉心教授每一位参与者。教练在这个训练过程中就是一个技术导师，一个积极向上的激励者，一个无微不至的观察者。

在社区开展运动健身计划的简单方式就是安排一个有两门课的赛季，与传统联合训练内容相同。在主流运动项目的休赛期，每周进行训练，持续五周。比如，安排在春季初期就很好，恰好是在棒球和足球赛季开始之前，夏季晚期也行，正是秋季运动会开始之前，或者也可以在冬季，这取决于室内设施和天气状况。在这些时间段安排训练课的好处在于，孩子可以精神饱满地进行动作训练，并为他们的运动赛季之前做参赛准备。如果一个孩子报名了好几项运动，或者他在一年中参与或专门从事同一项运动，我们强烈建议将运动健身训练融入到赛季前准备期训练和赛季训练中。本书中的练习和活动可以在一年中的任何时间使用，包括某项运动的赛季中还是赛季外都可以。因为这些训练和竞赛都是以基本运动要素为基础的，是所有运动的基础。建议将本书提供的素材用于全年的训练，以获得最佳的运动成绩。

训练方案应该在孩子开始参加训练之前完全设计好。教练应该计划好哪些运动要素应该包含在哪次课中，然后选择训练和比赛来帮助运动员提高他们在这些运动要素上的表现。并一定要确保每次课中更换练习和比赛的方式，这是由于孩子都喜欢新的挑战和惊喜。我们建议在每次课中只使用四个不同运动要素进行练习，但是你应该把这七个运动要素贯穿在整个课程计划中。提前安排计划可以使训练更有组织性，更细致地思考针对每一个青少年运动员所关注和需要的训练方法。并额外准备一些练习和比赛内容，以便教练可以临时做出一些调整。在每个赛季开始之前，应该设定赛季目标，并与运动员和家长沟通。同时鼓励运动员在每次训练课之间，在家里进行一些练习和自我测试式比赛，促使运动员不断提高。

教练应该在课程训练中为每个运动要素设立一个训练站。例如，如果某次课主要训练协调性、平衡能力、速度和敏捷性，则教练应该设立四个训练站。在每一站，运动员将进行 2 到 4 个练习，然后进行自我测试比赛，整个课程在各训练站间轮流进行；平均每次课进行约 90 分钟。教练应该在每一站针对特定运动要素安排 20 分钟，包括 5 分钟的指导和示范，5 分钟的练习和 10 分钟的比赛。教练还应在每一站之间安排 3 分钟的休息。训练过程应该全神贯注地快节奏进行，不能有人站在旁边，这样会让孩子无法集中注意力。

为提供一个好的训练环境，其中一个重要因素是保证每次课中教辅人员人数，无论多少运动员参加训练都至少要保证六个运动员配备一名教练或教辅人员。这样可使每个孩子都得到关注和观察，使每个孩子的重复次数和比赛时间相同。每个教练负责一站，每个志愿者必须完全理解他所在的这一站如何进行训练，这样才能使孩子完成每一项练习和比赛，确保每个孩子获得最好的训练体验。

在每次课结束时，把每个运动员四站所有比赛的分数加起来。此计分方法不是用来奖励比其他运动员总体成绩好的选手，而是根据各人的能力水平辨别出进步最大的运动员。我们认为这是唯一公平的方式来激励孩子参与、保持竞争性和使孩子得到鼓励，同时也允许他们以自己的节奏不断进步。我们都知道，青少年运动员的进步有不同的步伐和阶段，我们希望采用一种公平的方法来使所有的孩子积极主动，对终身运动健身充满兴趣。

场地与设施

在你决定什么时候开始运动健身计划后，需要选择一个场地来作为进行训练课程的理想环境。室外环境是最好的，因为这样可以有更多的空间让孩子无拘无束地活动。对于家庭训练，孩子可以在后院进行练习和比赛。如果是联盟训练，则必须需要较大的空间。对于 20 到 40 个孩子的训练小组来说，最佳室外场地约需大约 40 米长和 40 米宽的平整草地；如果是硬场地或马路上，那么最少需要 15 米长和 15 米宽；如果周围是小山丘并有起伏，这对于提供富于变化的训练非常有用，但这些都只是一些建议。我们认为，每个人居住的地方不同，面临的环境也会不同。记住这一点，我们每章中所包含的练习也可以在狭小的各种场地上进行训练。在有了最基本的场地后，你可以灵活地使用这些练习，并根据你的需要做出调整。

拥有满足运动员需要的场地和设施，让孩子们在每次课中都充满乐趣，全神贯注，有所收获。

设施对于保证训练计划的有效性和参与度也非常重要的，为使学习这七项基本运动要素的基础变得有实效和富有趣味性，我们建议你在训练时结合使用传统设施和非传统设施。贯穿本书，我们会列出和使用许多非传统设施，包括有过去你可能没有购买过设施，或者没有为运动训练的目的而购买过。尽管有些设施被认为是运动设施（特殊球类和平衡装置），但这些工具通常并不被家长和年轻教练使用。例如，针对那些沉迷于高科技而久坐不动的孩子，我们创新地使用电子游戏来进行运动健身训练。我们发现一个道理，"如果你不能说服他们，那么就加入他们"，这一策略更有用；不过不是对抗高科技，而是聪明地采用一种替代方式。孩子们都非常喜欢电子游戏，并且可以看出他们很擅长于学习，所以我们将电子游戏用于辅助运动训练，这反而成为一项明显的优势。我们会在第4章中进一步探讨将电子游戏结合到运动训练中的益处。

大多数传统设施可以在任何运动用品商店或大型连锁超市买到，主要包括以下用品。

球：棒球（硬的和软的：泡沫或威浮球）；橄榄球（硬的和软的）；足球（标准4号球）；篮球（标准少年球）；高尔夫球（塑质）；网球。

棒球棒（木头或塑质）。

棒球手套（视年龄选用合适型号）。

网球拍。

长曲棍球棍。

棒球弹网或小弹网（一个紧密的网状装置，可以把扔出的球回弹给扔球者）。

卷尺。

秒表。

小轮车或山地自行车。

下面几套设施要求较低但教练也经常在运动训练中使用。你可以很容易地在商品目录或网站上找到。

橡皮管和弹力绳（主要用于柔韧性和力量训练）。

小栏架（6英寸和12英寸，约15厘米和30厘米）。

敏捷梯。

敏捷球。

厚垫子（5～6英尺长和3～4英尺宽，1.5～1.8米长和0.9～1.2米宽）。

锥筒和小圆垫（锥筒可以在运动用品商店和大型连锁超市找到；小圆垫可以在商品目录和网站上找到）。

可堆叠台阶（塑料可堆叠台阶主要用于弹跳和力量训练）。

药球（8～10岁：4磅球；11～12岁：4～6磅球；13～14岁：4～8磅球）。注意年龄和重量仅为建议；我们只会考虑一般运动员的规格和力量，通常会有一些误差。

下面一些设施被认为是非传统设施，因为它们不被广泛应用在运动训练当中。你可以在网上或当地商店找到这些东西。

平衡半球。

Vew-Do 专业平衡板。

如意平衡木或一条 8 英尺（约 2.4 米）长、4 英寸（约 10 厘米）宽和 2 英寸（约 5 厘米）厚的木块。

反应 / 敏捷球。

电子游戏设备和游戏：便携式游戏机（PSP）；EA Sports；NFL Street；Madden NFL Football；MVP Baseball；Tiger Woods PGA Golf；NBA Street；World Cup Soccer。

这些设施应该在训练课开始之前布置好。在联盟训练的布置中每一个训练站，应该有足够设施提供给 6 个运动员同时训练。设施应保持一致性，比如当一个滑板运动员来到滑板公园时，他会发现一些从未改变的公园熟悉区域。如果你每次训练课都使用相同的空间，请把设施每次都放在相同的地点。同时每一站应该有足够的空间来容纳适当数量的单独比赛。

如何完成训练计划

如果孩子们享受这种体验，你的训练将会顺利完成，无论是家里训练还是联盟训练。运动要素训练为自然学习和感觉学习创造了最佳环境。体验性学习如此重要的原因是主要因为孩子们受到的教育通常是命令和指导式的，比如"做这个"和"做那个"，或者基本上都是口头解释给他们，也许通过一个简洁的示范（如果示范不正确是有风险的）来让孩子们理解和执行更是我们所期待的。由于命令和指导式教育的弊端，无法对孩子做到最佳教育，孩子不能充分理解如何完成要求做的事情。让运动员花时间去体验特殊的动作和技术，给他们有限的指导和多次重复，指导者帮助他们自我修正，给他们一些积极的指导，让孩子们加快学习速度。

举个例子，如果你正在指导一次速度练习，重点是多方向应变速度（比如向前冲刺 20 米；迅速停在指定地点；45 度切入左侧再冲刺 20 米），不应让运动员通过学一些练习中每个阶段的技术（这样不但占用大量时间，并且已证明效果不太好），让他们认证观察别人的示范和全程练习两次。应该要求每个运动员集中注意力观察示范者的脚步动作；然后让他们自己去尝试练习。如果一个或几个人左脚切入有困难，可以让全组都来再跑这个练习几次，关注点放在左脚。如果他们依然很慢才能做出正确动作，可以再做两次示范，并在做切入的时候提醒注意左脚。这种训练方式可以鼓励运动员继续练习，因为他们感觉自己被允许通过自我学习和自我感知来改正自己的不足。这样做远比口头命令的压力要小得多，而且口头命令通常不容易被完全理解。

　　成功学习的另一个重要组成部分是自我测试。为运动员提供自我测试和评估其学习进度的机会。在赛季期间，在训练课的中期和末期安排一些纯比赛的课程，让所有运动员能够衡量自己通过前期的训练课所取得的进步。时间、距离和准确性是测试中三项主要关注点，大多数时候这些测试都是告诉运动员如何更好地进行练习。各项比赛的成功都是基于每个人的，与个人以前的成绩相比。比赛的基本目标是让运动员自我评估个人训练表现，通过不断挑战自己来取得更大的进步。当运动员有成就感的时候，他们就会渴望下一次比赛，设定新的目标，从而让他们不断进步和掌握更高阶的技术。自我测试可以给运动员何时进行进阶训练进行指导，达到 70 分或更高就建议运动员进行下一阶段的练习和比赛；不过，有些运动员可能很难达到 70 分，那么作为教练或父母，需付出自己判断；如果运动员一直不断进步并逐渐接近 70 分，那么最好允许他们进行下一阶段的练习。

　　现在，你应该熟悉了运动健身计划，并理解制定适合于自己的计划的基本原则。接下来我们转向练习，并开始考虑哪项练习最适合于你和你的运动员团队。需要注意的是，最重要的是，要让运动充满乐趣！

第**3**章

增强柔韧性

柔韧性是指不会在造成伤病和损伤的情况下弯曲和移动身体。肌肉和韧带的柔韧性是整个运动健身中必不可少的一部分，因为这可以提高你的动作活动范围，并可以让运动员用更大的力量、爆发力和更快的速度去投掷、踢、跳、跑或游泳。而缺乏柔韧性的运动员受伤风险会更高，执行基本运动动作的能力会下降，因此其整体的素质也会下降。柔韧性好的运动员在基本运动功能和技能上都会比柔韧性差的人要好很多。

柔韧性在运动的很多方面都扮演着重要的角色，可以让棒球游击手充分屈伸躯干，很多情况都需要他们这样来处理地面球；它可以让足球运动员能够更好的处理是由地面球还是空中传来的球都是如此；它可以让冰球运动员全速滑行中作出迅速的判断；它可以让篮球运动员轻松跳起、触球和控制篮板球。事实上，柔韧性对每个训练动作都有帮助。没有良好的柔韧性，我们就不可能保持健康，也不可能完成一些基本的运动技巧。

在童年时期，大多数爱动的孩子发展柔韧性是因为他们自然生长现象。这就是说，早期的柔韧性训练可帮助年轻运动员养成一些好习惯，使他们在进入青春期后受益匪浅。这时开始柔韧性练习是一个极佳时间点，孩子相对容易完成练习。进入青少年阶段后，孩子会失去这种天然的柔韧性，此时进行柔韧性练习就会相对困难一些了。

除了本章中展示的练习，柔韧性训练还会自然地与其他章节的训练相结合。尽管柔韧性练习经常被忽视，不会单独进行训练并且没有得到像其他6个要素的重视，但是当柔韧性训练变成运动员整体训练的一部分时，运动员会得到一个很好地运动表现。没有良好的柔韧性，运动员就不能完全发挥自己在运动方面的潜力。例如，训练运动员提高任何一项运动的能力时，都不会设计一个只针对直线速度和动作的练习。相反，会花时间进行多个方向的速度和灵活性练习，此时柔韧性变成了成功完成动作和技术的重要组成部分。灵活的身体可以让你有效地停下来，跑出去和改变方向，这些都需要通过柔韧性训练来实现。

青少年柔韧性练习的三个阶段包括热身、增加活动度练习和整理放松。我们一起看看每个阶段的详细内容。

热身

开始任何练习、比赛或运动活动之前，都需要慢慢地让身体热起来。通过让血液在主要肌群中循环，让机体为下一步训练做好准备。一般孩子开始练习或玩游戏前，不是坐了一整天就是刚起床，一个适当的活动前热身可以唤醒肌肉，让他们做好准备来参加活动。热身也是一个很好的方式来让运动员的大脑快速投入到活动、练习或比赛中。另外，适当的热身可以缓解贯穿整个白天或整晚身体的僵硬状态，来帮助预防伤病。

听到"热身"这个词时，很多人都会想到拉伸，但这不是完成正确的或过时的想法。事实上，运动员不应该在他们热身完成前进行拉伸。开始进行柔韧性练习时，运动员必须先让身体的温度升高，从而促进全身的血液循环。热身开始时应该将重点放在大肌肉群上（大腿、臀部、背部和肩部），然后进行小肌群以及与专项技术动作相关的练习。首先，重点要放在大肌群上，因为它们需要更多的能量才能热起来。热身的开始阶段应该跑8～10分钟，在规定时间内完成得差不多时，我们没有必要跑10分钟以上，你肯定

柔韧性可以帮助运动员提高运动表现，例如接球和跳跃

不想让运动员在训练前就感觉疲惫不堪。

如果想让运动员一开始就兴趣满满，就应该让热身阶段变得有趣。如果运动员对你的热身训练反应很慢且没有精神，可以调整一下热身方式。例如，可以设计一些有创意的障碍物练习，每一次都不太一样。通过改变热身练习的形式，对孩子产生新的挑战，这样可以使孩子始终充满新鲜感。栏架练习应该重点放在大肌肉群上，最好是放在热身的第一个练习中，因为马上就要让运动员投入到训练课中。设计障碍物练习时，可以尝试结合下面几个动作。

- **跨跃**。此类练习动作可以激活大腿和臀部的屈肌，此时需要一个敏捷梯，6英寸（约15厘米）的栏架6个，12英寸（约30厘米）的栏架6个，或者露天看台楼梯。敏捷梯平放在地上，用来帮助运动员练习移动，运动员快速地在每一个格子中前进，然后每隔3英尺（约0.9米）摆放一个6英寸（约15厘米）和12英寸（约30厘米）的栏架让运动员跨跃。如果没有低栏架，可将障碍物练习放在靠近露天看台的楼梯处进行，用爬楼梯来代替你想要的动作。一定要让两只脚交替向前爬楼梯或跳栏架。

- **横向移动**。横向移动练习可以模仿运动员的专项技术动作，拉伸腹股沟，放松踝关节。另外，使用敏捷梯可以让他们先从左到右再从右到左，每只脚都踩到方格中，还可以让青少年运动员在敏捷梯上移动时反复扔这些球，网球、篮球或棒球。一旦孩子觉得抛接练习容易完成，也可以使用敏捷球（多角球，扔出去后可能弹向多个不同的方向）来增加趣味性和挑战性。不确定的方向可以让孩子时刻准备好，他们可以一边在敏捷梯上移动，一边试图抓住球。

- **低重心移动**。在训练、练习或比赛开始前进行热身的原因是要唤醒主要肌肉群，并促进主要肌肉群中的血液流通；为特定练习或活动中做好准备。低重心运动可以激活大腿、背部、臀部屈肌和肩部的肌肉。如果情况允许，可以在障碍课程中包括4至6次钻栏架练习，而是利用松紧使运动员降低重心，并从下面穿过。如果障碍物高度不合适，可根据不同运动员的身高，让人拉起一根绳子或棍子。

- **跳跃**。跳跃可以激活脚踝、臀部和大腿。将6英寸（约15厘米）的栏架放一条直线上，之间的距离约3英尺（约0.9米）。运动员进行连续跳跃，在两个脚同时触地瞬间，运动员应立即起跳，中间没有停顿，直到他们跳完了全部6个栏架。需提醒运动员注意落地和避开脚下的其他物品。

- **跑动**。跑动可以让血液流向心脏和肌肉。传统上的热身活动包括跑一段时间或进行一系列冲刺跑。因为跑动是一个大量使用的热身技术，所以可将一个有趣的追逐元素作为障碍课程的一部分。在场地的一个区域中放置三个飞盘，该区域有大约 30 米的开放空间，6 名运动员分为三组在其中活动。一个伙伴（A）把飞盘扔到后场。另一个伙伴（B）追逐并试图在飞盘落地之前抓住飞盘，同时 A 跑过 30 米的场地并等待 B 抓住或取回飞盘并将其扔向后场，此时 A 要抓住或取回飞盘。两运动员在最初的开始训练的地方结束训练，并重复该过程两次，然后继续下一个障碍物训练。

- 投掷。投掷可以让肩膀、腹部和髋肌肉都参与进来。8 或 9 岁的孩子最好用 2 磅重的药球来练习，10 岁至 14 岁的孩子用 4 磅重的药球。搭档之间的距离是 9 英尺（约 2.7 米）。运动员用双手轻轻把球来回投掷三次，类似于篮球胸前传球。然后，他们再进行三次头顶上的传球（球放在头部后面，向前迈出一步并伸出双臂，将球轻轻地传向同伴），然后是三低手掷球（从胯下），最后从身体的两侧将球扔向伙伴（站立时身体右侧面对伙伴，手臂向后伸展；前跨一小步，抛球；在另一侧重复该过程），然后进入下一个练习。

- 翻跟头和滚动。翻跟头可以帮助运动员更好地了解自己的身体和控制力。在一个翻滚垫或大约 6 ～ 8 英尺（约 2 ～ 2.5 米）长的柔软表面，每个运动员都进行前滚翻，然后立即爬起来冲刺 5 米距离到达右边的锥筒。然后运动员回到垫子上重复该过程，这次跑到左边 5 米外的锥筒。再次重复时运动员在垫子上进行右侧滚翻，爬起来后向右边的锥筒冲刺，然后进行左滚翻并向左边的锥筒冲刺。

进行每次训练课都要将热身作为一个环节，并且必须用合适的节奏完成三组热身运动。记住，目标是不让运动员感到疲惫，而是激励他们，提高他们的整体柔韧性，通过促进血液循环让他们的肌肉热起来。障碍物课程是任何体育运动有效的热身方式。参见第 20 页，了解障碍物课程热身。

对大块肌肉进行预热后，任何体育运动的运动员还应该进行该运动特定的热身活动。虽然这些热身活动经常被忽视，但它对一个运动员的表现至关重要。如果运动员开始训练课或比赛时立即就运用各种技能和技术，而不首先进行特定时热身，那么受伤的风险会大大增加，并且移动潜力也会大受影响。

在专项运动热身活动中，通过模仿运动员将在场上用到的专项动作来进行游戏或练习。例如在棒球热身期间，外野手应执行可模拟所有外场动作的例行练习。迈出一步并绕轴转身来处理过顶球（向左和向右转身，以及直接向后转身），然后慢跑，然后再进行半速和全速跑。开始进行这些练习时可以没有球，后期逐渐加个球。然后运动员应该重复所有的练习，并加入投掷动作来完成练习。参第见32～34页，了解其他的专项运动热身。

增加活动度

提高柔韧性的主要目的是增加运动员的动作活动度（ROM）。大多数小孩有相当好的活动度。随着他们进入青春期，开始经历更快速的肌肉生长，并且肌肉变得更大。肌肉体积和重量的增加导致每一个动作活动范围都变得越来越小。因此接近 12 岁的运动员应给予更多的重视，应专门进行单独的灵活性训练，并保持肌肉弹性。

没有良好的活动度，运动员就无法在投掷、踢、跳跃、跑步等活动中最大限度发挥他们的功能，因为如果他们不能充分伸展肌肉或肌肉群，就无法产生更大的力量。当运动员没有良好的活动度时，他们往往要依靠其他肌肉群的代偿完成动作，这样就会更快地让周围的身体部位承受不适当的压力。例如，如果网球运动员在肩膀没有足够的活动度，他们可能要过度依赖他们的肘部，进而造成损伤。

为了最大限度提高运动表现和减少运动损伤，运动员应该重点在 2 个区域增加其灵活性：肩背部（包括上背部和脊柱）和髋部周围（包括臀部和下背部）。对于大多数体育运动而言，这是两个焦点区域，因为它们所产生的力量用于执行很多运动任务。提高肩部区域的活动度时，我们强烈建议你发展整个三角肌和肩部（前、中和背部）以及上背部和胸部周围的肌肉群。屈髋肌位于躯干两侧较低的位置，大约在腰的下部。臀部对于提高速度和力量和耐力都是非常重要的。在该区域实现良好的活动度有助于运动员更好的发力和提高速度。参见第 21～26 页的活动度练习。注意，问问运动员他们感觉到哪里"在拉伸"，因为这会告诉你练习是否正在影响预定的目标区域。

整理放松

整理放松包括让运动员的心率恢复到正常的静息状态时的心率。不同运动员的心率虽然各不相同，但都需要让心率逐渐恢复，让身体得以休息。整理放松往往是训练的最后一个步骤，它可以让机体逐步进入一个完全休息和恢复状态。举例来说，跑步者可以通过调整跑步的步伐的节奏，逐渐减慢到接近慢跑，然后再开始步行，之后进行适度拉伸。足球运动员可能完成了一场持续时间很长，且有短距离和快速冲刺相结合的比赛，那么可用缓慢的持续慢跑让体温和脉搏降下来，之后再进行拉伸。

过去的许多理念认为，只有静态拉伸才能发展柔韧性。我们建议运动员使用静态拉伸的唯一时间是在整理放松时。在锻炼或游戏结束时进行静态拉伸（保持一个拉伸动作较长的时间）是最有效的，只是由于身体正处于较高的温度。身体柔韧性更容易进行拉伸，以保持肌肉纤维适宜长度。运动员身体僵硬，则无法完全参与到拉伸训练中时，例如运动员没有充分热身，此时静态拉伸就不太有效，并且可能伤害运动员。在每个练习或比赛末尾，最好使用 6 ～ 8 分钟进行静态拉伸。这也是一个非常好的时间段来同其他运动员交谈并回顾他们一起完成的训练、他们自身的感受以及下次的计划。参见第 27 ～ 31 页，了解如何将静态拉伸结合到整理放松阶段中。

练习 3.1
障碍物课程热身

年龄范围

8 ～ 14 岁。

目的

通过促进所有肌肉群的血液循环来提高身体内部温度，让身体可以更自由地移动，消除以前的锻炼或不运动所带来的身体僵硬感。

益处

运动员增加全身的血液循环，帮助他们的身体从重复的专项运动练习带来的关节和肌肉压力中恢复。

设施

需要两个敏捷梯和一些粉笔或水彩笔来标记你自己的箱子、12 个 6 英寸（约15 厘米）的栏架、6 个 12 英寸（约 30 厘米）的栏架、3 个敏捷球、6 个可调节的田径栏架（如果可以）、3 个飞碟、3 个 2 磅的药球和 3 个 4 磅的药球、1 个翻滚垫子或一块软草地、10 个锥筒和 1 个口哨。

设置

我们在这里描述的课程可以容纳 42 个孩子。如果有更多的运动员，可开设 2 节课。可以在该课程中设计 7 个不同的位置，每个位置练习第 17 ～ 18 页中的一个移动动作。每个位置最多可有 6 名运动员一起参加活动。

执行动作

每个位置都有数量相同的运动员，让他们同时完成训练。吹口哨开始计时，7 个位置中每个位置都有 2 分钟的练习时间。每隔 2 分钟吹一次哨，一个位置的每个人都转到相邻的下一个位置。这可以让所有 7 个位置的人同时进行练习，避免他们只是站在四周观看，每个运动员都可在活动中练习 14 分钟。每个位置最好有一个成年人志愿者。

练习 3.2
肩关节前部活动度

年龄范围

8 ～ 14 岁。

目的

重点提高肩关节前部活动度。

益处

运动员通过提高肩关节前部的柔韧性来提高运动表现。这个肩部练习可以直接运用到挥拍项目、高尔夫的挥杆动作、投球、击球和扔球活动中。

设施

每对运动员需要两个网球。

位置

两个运动员排成一列，前后站立。

执行动作

运动员 A 面对运动员 B 的背部，距离 B 一臂的距离，两手各持一个网球。运动员 B 双臂伸直，齐胸高（a），然后向后转去拿后面的球（b），胸和脚不要转动，从运动员 A 手中拿到球后再返回胸前，做完一侧再做另一侧，每个运动员每个胳膊做 10 次。

练习 3.3
肩关节上部活动度

年龄范围

8 ～ 14 岁。

目的

重点提高肩关节上部，活动度。

益处

通过提高肩关节上部的柔韧性来提高运动表现。这个肩部练习可以直接运用到挥拍项目和高尔夫的挥杆动作、投球、击球和扔球活动中。

设施

每对运动员需要两个网球。

设置

一个运动员站在另一个的正前方，前面的运动员背对后面的运动员。

执行动作

运动员 A 站在运动员 B 的身后一臂距离，面对运动员 B 的后背，双手各持一个网球，双臂伸直与肩同高。运动员 B 站立，双手置于体侧（a），左臂和左手从左侧肩上绕过，向后去抓后面的网球（b），保持胸部和脚部不动，从运动员 A 手中拿到网球，并将球拿到前面，穿过身体，然后从左侧臀部的下面将球递给运动员 A。每个运动员每只胳膊做 10 次。

练习 3.4
肩关节后部活动度

年龄范围

8 ～ 14 岁。

目的

重点提高肩关节后部，活动度。

益处

通过提高肩关节后部的柔韧性来提高运动表现。这个肩部练习可以直接运用到挥拍运动、高尔夫的挥杆动作、冰球和长曲棍球的击球和反手抽球中。

设施

每对运动员需要 5 个网球。

设置

两个运动员并排站立，相距 3 英尺（约 1 米）。

执行动作

运动员 A 站在运动员 B 的左边，手持网球的左臂在身体的前方完全伸直。运动员 B 将右臂完全伸直至齐胸高（a）。运动员 B 向后移动右臂，然后向前从胸前经过，从运动员 A 手中抓住网球（b）。然后运动员 B 带球的右臂在完全伸直的情况下经过胸前回到原位并将球扔下。（注意，你可以测量每次球落在哪里；球应该落在尽可能离运动员身体较远的地方。）重复 10 次，然后换另一侧手臂。

每个运动员每侧手臂做 10 次。

练习 3.5
髋关节两侧活动度

年龄范围

8 ~ 14 岁。

目的

增加髋关节的活动度。

益处

通过提高两侧髋关节的活动度来提高运动表现。这个练习可以直接运用所有与踢相关的动作和任何包括髋关节旋转的运动，如跑步、跳跃、滑冰，还有挥动棒球棒、网球拍，高尔夫球杆或曲棍球球棍。

设施

一个锥筒和一些粉笔。

设置

运动员侧身对墙站立，距离墙几英尺。

执行动作

运动员做这个动作可以有两种变化。第一种是做髋关节局部活动度练习，第二种是髋关节整体的活动度练习。

交叉摆腿

运动员首先摆动左脚，用前脚掌去触墙。然后用锥筒做标记，脚掌可以触碰到墙时的距离是运动员最远站立距离。用粉笔来标记前脚掌可以触碰到墙的高度。每侧重复 10 次。记录每次课的距离和高度，评估每次课运动员的进步情况。

钟摆摆腿

运动员右侧髋关节对着墙，距离墙面几英尺（约 1 米）站立。运动员首先将左腿向外侧尽最大能力向外摆动（a）。然后左腿再向内侧摆回（类似钟摆），直到左脚前脚掌碰到墙面（b）。用锥筒做标记，看看前脚掌可以触碰到墙面的最远站立距离。伙伴可用粉笔来标记左脚前脚掌可以触碰的高度。每侧重复 10 次，然后换腿。记录每次课的距离和高度，测量每次课运动员的进步情况。

练习 3.6
髋关节前部和两侧活动度

年龄范围

8 ～ 14 岁。

目的

增加髋关节的活动度。

益处

通过提高髋关节前部和两侧的活动度来提高运动表现。这个练习可以直接运用所有与踢相关的动作和任何包括髋关节旋转的运动（如挥动棒球棒网球拍、高尔夫球杆或曲棍球球棍）、跑步、跳跃、滑冰。

设施

一个锥筒和一些粉笔。

设置

运动员正面对墙站立，距离墙几英尺。

执行动作

运动员可以做向前和向后摆腿，然后测量他们的进步情况。

向前摆腿

从起始位置（a）每个运动员先前后摆起右腿，直到可以直腿将前脚掌放在墙上（b）。用锥筒做标记，看看运动员分别站多远可以用前脚掌碰到墙。然后用粉笔在墙上标出运动员脚在墙上的高度。重复 10 次后换用左腿的髋关节进行摆动。记录每次课的距离和高度，测量每次课运动员的进步情况。

向后摆腿

运动员背对着墙站在距离墙几英尺的地方。髋关节与墙呈直角。每个运动员首先将右腿前后摆动，直到前脚掌触到墙。用锥筒做标记，看看运动员分别站多远可以用前脚掌碰到墙。然后用粉笔在墙上标出运动员脚在墙上的高度。重复 10 次后换用左腿进行脚触墙练习。记录每次课的距离和高度，测量每次课运动员的进步情况。

练习 3.7
静态拉伸

年龄范围

8 ～ 14 岁。

目的

通过拉伸练习来提高整体灵活性。

益处

拉伸可通过改善肌肉纤维适应性来防止受伤，并且在练习或者比赛结束后进行拉伸是最有效的。

设施

训练带。

设置

运动员在平坦的草地或其他柔软的表面进行伸展运动。

执行动作

运动员针对所有主要肌肉群进行一系列伸展运动。

颈部

双脚站在平地上，两肩打开，运动员将右手放在左耳朵上部。然后用右手轻轻地将头部和颈部朝向右肩推动。如果可以，让右耳碰触到右肩膀，并保持 2 秒。重复进行 10 次，然后换方向练习左边。

躯干和背部

运动员坐在地上，保持背部挺直，膝盖微微弯曲，脚尖稍微朝上，将重量放在脚后跟（a）。将下巴收紧，髋部弯曲，朝着两膝之间尽可能向前屈曲。两臂保持在两腿外侧，朝向脚部轻轻拉动身体。保持 2 秒后松开，重复 10 次此动作。

胳膊和肩膀

运动员双脚站在地上，两肩打开，两臂放在身体两侧。摇摆双臂保持直立向上，肘部向外，掌心相对。十指指尖相接保持 2 秒。重复 10 次此动作。

髋部和腰背部

运动员平躺在地上。每个运动员手持拉伸带两端，将右脚放在带中间。训练从脚踝外侧绕过到两腿中间。运动员拉伸右腿，使右脚后跟向身体左边移动，在左腿上方（上身保持平躺），右膝绷直。移动受限后，运动员轻轻拉动带子两端进行拉伸并保持2秒。每侧重复10次。

腹沟股

保持蹲姿，运动员拉伸左腿，左腿伸向身体外侧，脚跟着地，脚尖朝上，身体向前保持直立。身体大部分的重量平均分配在右侧蹲着的腿和左脚后跟上。保持2秒。然后换成另外一侧，拉伸相反一侧，继续保持2秒。重复10次。

小腿和跟腱

所有运动员面向杆子或墙壁而站。运动员将双手扶杆，两臂保持伸直。抬起左膝，所有的重量都放在站在地面的右脚后跟。鼓励运动员前倾，最大限度地拉伸右侧跟腱和小腿肌肉。保持 3 秒，并重复 10 次。然后换到另外一侧，再拉伸左侧跟腱和左小腿肌肉 10 次。

股后肌群和腰背部

运动员平躺，膝盖微微弯曲。慢慢地将左侧骼骨拉到胸前，进行 10 次，每次保持 2 秒，然后换成右侧髌骨。继续拉伸到胸前，进行 10 次，每次保持 2 秒。

股后肌群

运动员平躺，膝盖微微弯曲。所有运动将训练带绕过左脚，并将脚笔直地向上伸起，脚后跟水平地向着天空，保持 3 秒。一共重复 10 次，然后换另一只脚再重复 10 次。

股四头肌

运动员双手和双膝着地。每个人弯曲右膝向后拉伸离开地面。右脚一直向上，至到运动员可以用右手抓住脚踝。大腿应与地面保持平行，后背不能拱起来。保持 2 秒，并在换腿前重复进行 10 次。

练习 3.8
足球热身

年龄范围

8 ～ 14 岁。

目的

进行热身运动并在足球场地进行准备活动。

益处

运动员反复练习通常在比赛场地上使用的各种移动来提高能力。

设施

6 个足球、3 个 6 英寸（约 15 厘米）栏架、3 个锥筒。

设置

设置每个运动员连续跑三次的热身课程。课程在一个 105 英尺（约 32 米）乘 60 英尺（约 18 米）的场地上进行。最多可容纳 18 个孩子一个接一个连续地完成课程，只要他们注意不撞上前面的运动员。

执行动作

每个运动员横向从左跑到右并且两只脚交替绕过三个足球两次（每只脚都应绕过球）。然后运动员跑 10 码（9.14 米）的距离到达锥筒，用右脚绕过，向左侧跑动 10 米，然后连续跳过 3 个 6 英寸（约 15 厘米）栏架。然后运动员向左跑 5 码（4.57 米），用左脚绕过（在指定的锥筒处），跑 10 码（9.14 米），在同一方向横向突破两次，起身，从横向突破处再跑 10 码（9.14 米），左肩向着横向突破处，左右脚交叉前进。在 10 码（9.14 米）处（指定的锥筒处），运动员换成右肩向着横向突破处并且左右脚交叉跑返回到横向突破处。然后运动员髋部与路线保持直角，右腿在前，左腿在后，前进 10 码（9.14 米），接着返回，左腿在前，右腿在后前进 10 码（9.14 米）。运动员倒退 10 码（9.14 米），停下，横向地从左跑到右并且两只脚交替绕过三个足球两次（每只脚都应绕过球），到此，运动员完成本课程的一圈。

每个球触球2次

终点

10码
L
B

5码

10码

L
10码

2圈

10码

L = 横向
B = 后退

每个球触球2次

起点

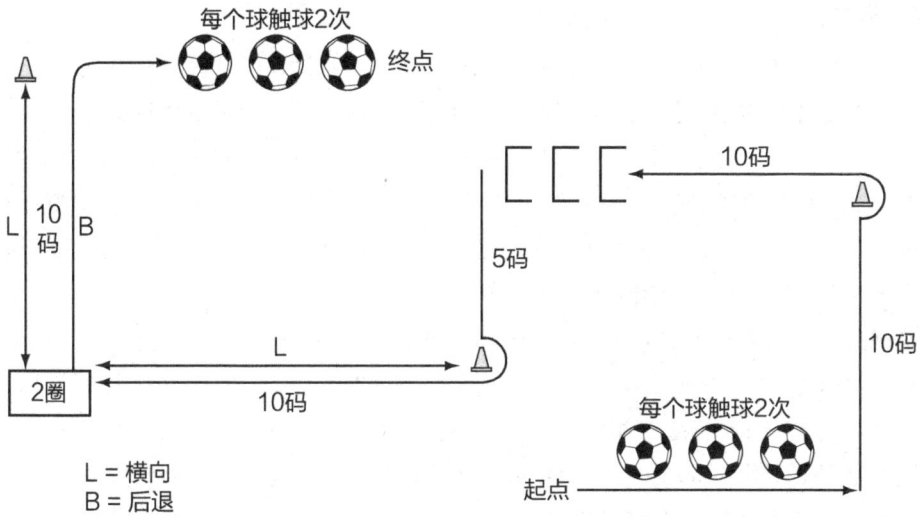

练习 3.9
网球热身

年龄范围

8 ～ 14 岁。

目的

帮助运动员在网球场地进行准备活动。

益处

运动员通过反复练习提高比赛时所需的各种移动能力。

器材

4 个网球、1 个敏捷球、4 个锥筒和橡胶圆垫。

设置

在网球场半场，用锥筒和橡胶圆垫摆出一个菱形。每个网球放在每个指定点（由锥筒和胶点标记出来）：最左发球区的锥筒外、右发球区的锥筒外以及底线的中间点。教练拿着一个敏捷球和一个网球站在另一侧底线中间点。运动员一次完成一次课程。

执行动作

　　运动员在球场底线的中间点开始热身。运动员跑到左发球区拐角的网球安置点。右手持拍的运动员弯腰捡起球，不要直身投球，而是反手将球投掷过网（左撇子用正手）。正手投掷是一种侧肩投法，是将手和肘摆在与正手击球相似的髋部位置。反手投掷与反手击球相似，上臂背面面向目标点，扭动手掌面向球的目标点。运动员稍后跑向右发球区最远的角落，捡回球，不要直身投球，而是正手将球投掷过网（左撇子反手投掷）。然后运动员跑向底线中间的网球安置点，不要直身投球，而是正手将球投掷（同样左撇子用正手）过网，越远越好。运动员立即跑向位于中间点的网，在这里运动员一越过发球线就有人扔下一个敏捷球。运动员捡起球并将其放在指定的锥筒所标记的网底线，并且立即倒退到底线。在撤回过程中，教练将球投掷到空中并高于运动员头部。运动员试着用持拍的手抓住球，并在运动过程中将球投掷过网。每个运动员需要完成3次循环才能完成热身。

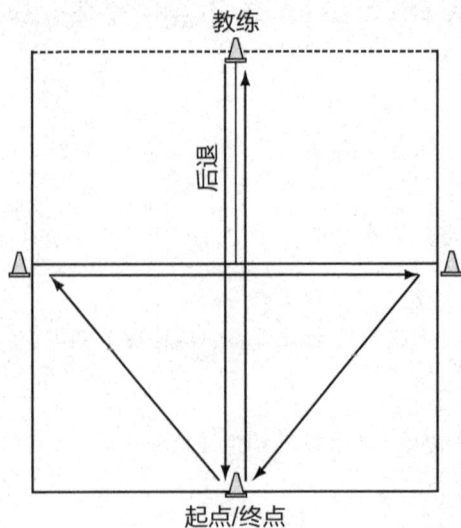

第 **4** 章

训练协调性

协调性可以描述为运动员在完成某一动作时不同部位的运动技巧性和平衡性。根据本章的目标，协调性训练包括针对人体各部位的孤立或组合的平衡运动，如上肢与下肢、手与眼、足与眼等。运动员经常需要同时保持不同的身体姿态、运动和要领之间的同步，这样才能在场地中、操场上或滑冰场完成各种练习。一个恰当的例子是橄榄球赛场的接球手，他们需要保证一只脚在界内的同时伸展身体接住传球。这种运动需要同步上肢和下肢的姿势，与此同时还要注意手眼配合接住传球，脚眼配合保持至少一只脚在界内。本章重点介绍这种手眼配合和脚眼配合，以及它们如何与其他身体部位的运动协调一致。

有些人甚至认为协调性是运动员最基本的技能之一。运动员可能拥有非常好的体能和出色的速度、耐力、力量和柔韧性，但是如果协调性不够，他们就无法掌控运动的特殊细节。例如，一名冰球运动员善于滑冰，但在滑冰时却不能很好地使用冰球杆或击球射门，他在场上就起不了作用。要在场地中、操场上或滑冰场灵活地移动，你需要开发不同身体部位之间的整体协调性。长曲棍球球员似乎天生具备防卫者的机动性，切断一个方向后，立即快速改变方向并盯住另一个人，他们需要协调人体各部位的运动和反应，而无需特殊考虑将会发生的其他所有因素。此类技能主要通过敏捷性训练进行开发，本书第 9 章中将会详细介绍。

教练应努力通过有创意的协调性训练来提高运动员的成绩。运动员在学习如何有效地追赶、脚踢、投掷、摆动和击打之前，需要具备特定的协调性技能。运动时的手眼配合和脚眼配合的协调性训练适用于所有运动，因此孩子们必须保持放松，完全了解自己的身体如何在不同情况下进行移动、同步和反应。没有充分开发身体协调性的运动员，将会缺乏迈向成功所需的专项运动技能。所有的孩子不管其运动经验如何，都可通过补充一般或专业协调性训练以及专项运动预备训练而受益。各种级别的天才运动员都可以改善其协调能力。专业运动员花费无数协调性训练可改善运动员同步上肢和下肢姿势的能力，以及同时执行手眼任务的能力。

时间训练他们的协调能力，目的就是为了提高其专项运动技能。为了获得持续进步，因此所有项目的运动员都应该加强其协调性训练。

协调性涉及运动员在头脑中设想运动，并将该设想转化为动作的能力。为了成功开发协调性，运动员必须首先提高他们的整体身体意识。通过不断地积累运动经验，运动员开始开发一种如何去执行该技能的感觉。随着他们明白如何去感觉运动，运动员会建立肌肉记忆，而身体会记住动作的协调性，直到它变成了人体第二本能，自觉完成动作。一旦肌肉记忆建立，动作的协调性和执行能力就会迅速提高，然后运动员可以调整肌肉记忆，并根据各种情况去执行某项技能的精准动作。

例如，棒球内野手防守地滚球时必须先进入两脚宽站位，形成分腿站立姿势；该姿势让运动员能够让腰尽量降低，迫使其双手伸出置于身体前方，在手套和两脚之间形成一个三角形。在他们站成此姿势后，让球员设想抓起一件东西置于身前；经过多次重复后，在每个球员前方几英尺处放置一个棒球，让他们重复分腿站立和蹲下的姿势，同时尝试伸手触球。这是一种球员在防守任何类型的身前地滚球时必须掌握的姿势。这种练习会产生肌肉记忆，运动员通过自己的感觉自动记住如何采用正确的姿势来参与运动。由于他们不必思考，在比赛中面临类似情况时，他们能够更迅速和自信。

当孩子们在体验和感受某种技能运动时，就是一种学习过程。正式的认知教育往往不够，而有时又太过了。冗长而详细地解释如何执行一项技能是不利于学习的，因为它们与人体天生的执行能力相违背；我们都深有体会，困难的体力劳动都需要不断尝试，不断犯错，不断总结经验。我们的生长发育都经历了这样的阶段，首先会爬，然后是行走、跑步，最后是借助于骑自行车等的技能，在这个过程中我们可能不需要接受任何教育或任何形式的培训，通过实践和经验性的运动，学会了完成困难的协调性训练。在本书中，我们介绍和使用的协调性练习不会包括你必须向运动员传达的冗长解释。我们设计的这些练习，都是针对体验式自我学习和自我测试方法而开发的，其中涉及多次重复。在体验式学习中，运动员在注重基础练习的同时，可以寻找适用于自己的方法来完成任务，他们可以根据自己的感觉进行自我修正。因此，在本章的练习中，教练可以为运动员提供指导式探索和发现，而无需大量的口头教学，这可以节省您的时间并可以鼓励运动员自我学习以及必要的支持。

随着经验的增长，模仿也是一种强大的学习方式，人类尤其是儿童都是很善于模仿的。最近，科学家们已经开始研究大脑中的镜像神经元，该神经元可以通过观察和执行相同的活动来触发，我们可以用纯粹的观察来训练我们的身体运动。（对于这一话题的讨论，可参见克莱夫·汤普森于 2006 年 6 月发表的文章《屏幕优势》，载于《纽约时报体育杂志》。）换句话说，通过观察别人表演一项技能，运动员可能会下意识地学习所观察到的技能。

教练和运动员经常通过图像（如视频和观察他人）来完善自己的技能。当涉及协调和完善身体组合运动时，我们也建议使用运动视频游戏来刺激大脑的神经元。体育运动的视频游戏现在已经非常成熟，它基于非常精确的球员动作和执行能力，这让我们无需再观看那些冗长的实际视频。现在你可以使用便携式手持视频游戏机，如索尼的 PSP，观察运动员的动作和执行能力。想想有多少热情的孩子们喜欢玩视频游戏。充分利用这种现代教学方法。我们建议准备一台 PSP 用于补充本章的练习，让运动员观察虚拟现实中具体训练的执行动作。

视频游戏可以帮助运动员开发手眼配合协调性。纽约的贝斯以色列女执事医疗中心的杰姆斯·罗瑟的研究表明，准备做手术的外科医生先玩 20 分钟视频游戏，在实际操作中要比那些不玩视频游戏的人要快 20 分钟，且犯错更少（要了解更多，可参阅迈克尔·马里奥特于 2005 年 2 月 4 日发表的文章《我们必须工作，但先让我们玩》，载于《纽约时报》）。玩电子游戏可以提高协调性、加快反应速度和促进视觉技能，本章中的练习涵盖了所有这几项基本要素。

记住，千万别让学习某项运动技能的过程复杂化。许多孩子在学习某项运动技能时，每次都被要求必须记住如何去做，这会让他们倍感压力。运动员必须学会专注于一项技能的某个特定要素，并让自己的身体自然地适应其他方面。这种新奇的关注点练习让他们能够放松，并专注于完成技能时的感觉，而不会有尝试掌握多方面执行动作的压力。在本章中，我们提供了趣味性的比赛，孩子们仅需专注于所执行动作技能的某个方面，即可开始体验学习协调性技能。注意，协调性在开发许多其他运动要素中起着至关重要的作用，这些运动要素是运动员必须具备的，如敏捷性、平衡能力、速度和力量。第4章会重点介绍这方面的身体素质，但也会在训练和比赛中结合协调性要素，强调多个身体部位同时运动的协调性。

无论运动员试图进行足球练习，还是篮球运球，用球棍击打冰球和曲棍球，或者全速跑动中击打网球，所涉及的运动均需要多个身体部位在运动中保持同步。接下来的练习旨在提高整体和特定的协调能力，从而打牢基础并提高特定运动技能，如击打棒球或网球，篮球运球过人，或是在场上盘带足球绕过防守队员。

练习 4.1
踩脚和拍手

年龄范围

8 ～ 14 岁。

目的

通过 3 次进阶训练，开发上肢和下肢的协调性。

益处

运动员开始开发自己在运动中针对特定动作和四肢的意识与身体感知。许多运动都需要上肢和下肢同时参与，但负责不同的任务，例如，一垒手接住棒球，同时用脚寻找并标注一垒的位置。

设施

4 个锥筒。

设置

4 个锥筒指定放在约 20 码（约 18 米）长的空间里，宽度由每次参加的运动员数量决定。运动员之间应至少有一臂长的空间。

执行动作

分为 3 个阶段。运动员首先简单地行走和协调每只脚的动作，然后进阶到融入上身和手臂，然后使用双腿和双臂的组合来完成。

阶段 1

在行走时，运动员抬起并跺一下左脚，然后走三步，换成抬起并跺一下右脚，不断前进，交替使用两脚跺地，每三步一换，直至走完 20 码（约 18 米）。

阶段 2

在行走时，运动员每走三步拍手一次，直至走完 20 码（约 18 米）。

阶段 3

在行走时，运动员跺脚并拍手，交替使用两脚，每三步一换，直至走完 20 码（约 18 米）。

练习 4.2
反应性提膝练习

年龄范围

8 ～ 14 岁。

目的

通过使用两个进阶练习来开发下肢的协调性。

益处

运动员开始开发自己在运动中针对特定动作和四肢的意识与身体感知。这种意识可能对足球运动员有用，例如，运动员经常会在前场跑动时，突然跳过对方后卫伸过来的腿，以避免被绊倒受伤而不得不退出比赛。

设施

6 个锥筒。

设置

6 个锥筒指定放在大概 20 ～ 30 码（约 18 ～ 27 米）长的区域；宽度由参加的运动员数量决定。运动员之间应至少有一臂长的空间。

执行动作

分为两个阶段。从走路开始，协调每条腿的动作，进阶到慢跑，锻炼同样的协调性。

阶段 1

在行走时（a），运动员抬起左膝，然后走三步，再抬起右膝，交替进行，直至走完20码（约18米）（b）；然后转身返回，再重复一次。注意，每次抬腿都要快速且夸张地抬向胸部。

阶段 2

在慢跑时，运动员从右腿开始每走三步抬起膝盖，交替进行，直至走完30码（约27米）；然后转身返回，再重复一次。注意，每次抬腿都要快速且夸张地抬向胸部。

练习4.3
多向弓箭步

年龄范围

8 ～ 14 岁。

目的

通过使用两个阶段来开发下肢的协调性。

益处

运动员开始开发自己在运动中针对特定动作和四肢的意识与身体感知。这对于冰球运动员非常有用。例如，滑冰时运动员经常需要对多种状况和条件作出反应，如以弓步姿势控制冰球，或者在追逐时失去平衡等。

设施

4 个锥筒。

设置

4 个锥筒指定放在 20 码（约 18 米）长的区域；宽度由参加的运动员数量决定。运动员之间应至少有一臂长的空间。

执行动作

分为两个阶段。运动员从行走开始，协调每条腿弓步运动的协调性，然后进阶到改变方向，这是运动中弓步的变种。弓步执行时应通过下蹲前腿来降低臀部，膝盖朝前弯曲（保持背部挺直，重心稳定），同时，后腿向后伸展，身体重量置于脚趾肚上，膝盖接近地面。运动员从弓步站起时，前脚往前走两步，重心落在脚趾肚上，以便用相反的腿执行弓步。

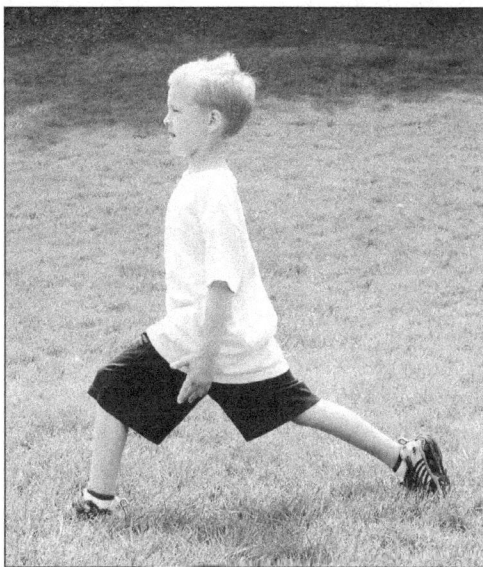

阶段 1

运动员行走时使用左腿形成弓步，然后左脚脚趾支地，走两小步，使用右腿形成弓步。运动员不断重复，使用两腿交替形成弓步，直至走完 20 米。运动员应完成一个完整的来回弓步走，共 40 码（约 36 米）。

阶段 2

运动员慢跑就位。发出信号后，每个运动员用左腿形成弓步，弓步指向十点钟方向，连续进行两次（a）。接着立即用右腿形成弓步，弓步指向二点钟方向（b）。运动员继续弓步转向左侧用左腿形成弓步，弓步指向十点钟方向，做一次，然后立即转到右侧用右腿形成弓步，弓步指向两点钟上方向，做一次。每个运动员再开始奔跑，并按顺序重复 5 次。

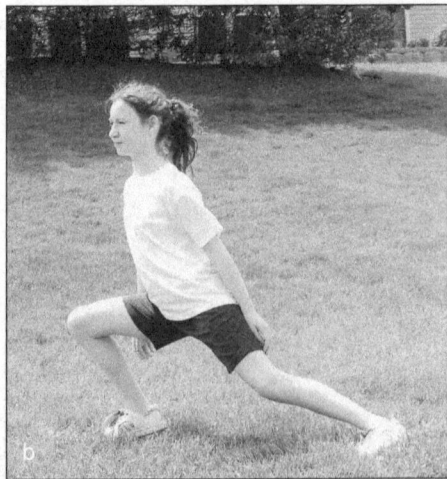

练习 4.4
协调性跳跃

年龄范围

8 ～ 14 岁。

目的

通过使用两个进阶训练来开发下肢的协调性。

益处

运动员开始开发自己在运动中针对特定动作和四肢的意识与身体本体感觉。足球运动员经常会在前场跑动，必须突然改变其步伐或方向，以便截住球，他们与许多其他运动员一样，都能从不断增加的意识和身体感知中获益。

设施

6 个锥筒。

设置

6 个锥筒指定放在 20 ～ 30 码（约 18 ～ 27 米）长的区域；宽度由参加的运动员数量决定。运动员之间应至少有一臂长的空间。

执行动作

分为两个阶段。运动员从走路开始，同时增加一个跳步。跳步就是一次简单的跳跃，前脚轻轻地跳离地面，向前跳一大步。

阶段 1

在行走时，运动员每走三步，执行一次跳步，直至走完 20 码。

阶段 2

在慢跑时，运动员每跑三步，执行一次跳步，直至走完 30 码。

练习 4.5
脚眼配合协调性

年龄范围

8 ～ 14 岁。

目的

通过 4 个阶段来改善脚眼协调性。

益处

运动员学习一系列提高踢定位球和转移球的精度、距离和力量的技术。踢定位球对于年轻运动员来说是困难的，而球在移动时，踢球变得更具挑战性。在许多运动中，尤其是在橄榄球和足球中，脚眼协调性非常重要。

设施

每名运动员需要 3 张 8.5×11 英寸（约 21.5×28 厘米）丝绒布片（一张黑色或蓝色、一张绿色、一张红色），剥离粘合剂背衬。将布片切成直径为 2 英寸（约 5 厘米）的圆形（3 个红色、3 个绿色、两个黑色或蓝色）。你可以在任何工艺品商店找到丝绒布片。你还需要 2 个不同颜色的足球。8 ～ 12 岁的孩子使用 4 号球，13 ～ 14 岁的孩子使用 5 号球。4 个 12 英寸（约 30 厘米）的栏架用作目标。

设置

需要为每名运动员准备 10×10 码（约 9×9 米）的场地。

执行动作

分为 4 个阶段。开始是简单的脚眼配合协调性练习，学习脚眼配合。运动员能够正确识别出迎面而来的足球颜色，并能用踢球脚的正确区域接触足球时，就可以进入下一个阶段。我们建议运动员在所有训练和比赛中具备 70% 的成功率后，再进阶到下一个阶段。在第二个阶段和比赛中增加了球的动态性。必须准确地踢对球，并用正确的脚部区域准确地踢球。运动员还必须选准方向，向其左侧或右侧踢球，瞄准踢进 12 英寸（约 30 厘米）高的球门。第三个阶段减少了执行动作的总要素数量，但增加了两个动态的移动物体，因此必须要识别出来并保持脚眼协调性。第四个阶段和比赛包括识别两个移动的足球，但在多个目标处增加了快速思考准确性的要素［4 个固定的 12 英寸（约 30 厘米）目标］。

阶段 1

将两英寸（约 5 厘米）的彩色圆圈（黑色或蓝色）粘在每只脚的脚背上。将 6 个两英寸（约 5 厘米）的圆圈（3 个绿色、3 个红色）等距离粘在足球上，一侧为绿色，另一侧为红色。在运动员身前的地面上旋转足球。当球停下来时，运动员叫出足球面对他的正确颜色，然后快速踢球。运动员必须在球停止旋转的那一刻尽快叫出球的颜色并踢球。踢球接触点一定要是贴在鞋上的两英寸（约 5 厘米）圆圈处。确保运动员两只脚都能成功地完成这次练习。

阶段 2

球从 6 米远的地方滚向运动员，运动员必须喊出正确的颜色，并把球踢进 5 米远的两个 12 英寸（约 30 厘米）球门之一，其中一个球门在运动员左侧，一个球门在运动员右侧。踢进哪个门由另一个人喊出（如可以说"左边球门"）。运动员必须使用脚侧或脚背踢出，如果用脚侧踢球，可以将两英寸（约 5 厘米）圆圈直接系在鞋带上，如果用脚背，应该使用粘在鞋上的两英寸（约 5 厘米）圆圈区域（黑色或蓝色）踢球。

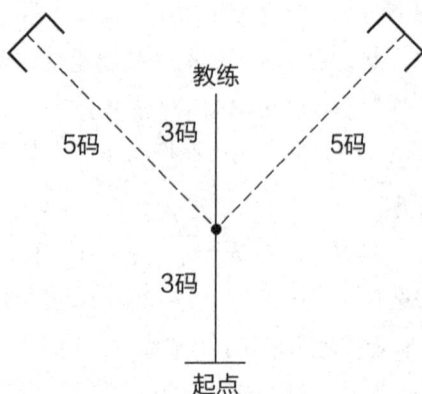

教练
5码　3码　5码
3码
起点

比赛

每个运动员练习 10 次（每只脚练习 5 次），每次喊出正确的颜色得 1 分，使用正确的脚部位踢球再得 1 分，踢球进入正确的球门又得 1 分。最高分数为 30 分。

阶段 3

一个伙伴站在离运动员 10 码（约 9 米）远的地方，向运动员同时滚出两个不同颜色的足球。当运动员得到信号时，开始向球跑动。当伙伴喊出一种颜色时，运动员必须准确地把正确颜色的球踢回给伙伴。

比赛

每个运动员练习 10 次（每只脚练习 5 次），当他踢到正确的球时得 1 分，用脚背踢球再得 1 分，将球踢回伙伴的脚上时又得 1 分。最高分数为 30 分。

阶段 4

4 个 12 英寸（约 30 厘米）的球门放置在 7×7 码（约 6×6 米）场地的每个边角上。运动员在运动中将正确颜色的球踢进 5 码（约 4.5 米）以外的球门锥筒。一个教练或伙伴站在离运动员 8 码（约 7 米）远的地方，同时把两个不同颜色的足球滚向运动员。当运动员收到信号后，开始向球跑动。当伙伴喊出一种颜色时，运动员需要把该颜色的球踢进 4 个球门之一，在接近球时，不要有停顿或犹豫。伙伴共滚出 4 组球，运动员必须每次把正确的球踢进不同的球门。确保运动员用一只脚踢第一组球，然后用另一只脚踢另一组球。

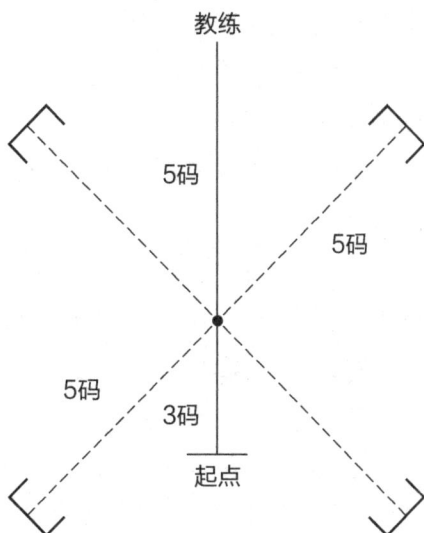

教练

5码

5码

5码

3码

起点

比赛

运动员每只脚往同一球门踢两次球，共踢球 16 次。他们每次踢中正确的球得 1 分，成功踢进球门再得 1 分。最高分数为 32 分。

练习 4.6
循环控球

年龄范围

8 ～ 14 岁。

目的

通过两个阶段提高脚眼协调性和整体步法。

益处

开发运动员的步法和脚眼协调性。虽然这项活动主要用作足球训练，但也有益于其他运动。让运动员清晰意识到他们的脚如何移动和配合，在比赛中将具备很大的优势。

设施

你需要有足够的锥筒来围成两个圈，每个运动员需要一个足球。如果你有索尼 PSP 游戏机，那么可以将 EA Sports 的 FIFA Street 2 足球游戏加入到训练中。这个视频游戏显示年轻运动员如何富有创意和协调性，大家可以观看游戏中虚拟运动员的控球和接球技能。

设置

使用锥筒围成两个圈，一个直径约 10 码（约 9 米），另一个直径约 5 码（约 4.5 米）。

执行动作

分为两个阶段。首先是简单的控球动作，运动员响应教练指令用脚的不同部位控制住球。第二个阶段涉及在较小的空间［5×5 码（约 4.5×4.5 米）］控球，运动员必须注意教练或伙伴的手势，认出手势并喊出来。

阶段 1

每个运动员带足球进入锥筒围成的圆圈中（直径约 10 码 /9 米）。开始时，让运动员带球绕圈，用脚的不同部位控制足球（内侧、脚背、外侧、脚底）。喊出脚触球的特定部位。运动员可以用任何一只脚来控球，但只能使用喊出的脚部位。针对脚的每一部位练习 30 秒，然后休息 60 秒，再用另一只脚进行重复练习。

阶段 2

在较小的圈内（直径约 5 码 /4.5 米）重复以上练习，运动员保持头部抬起。他们分别用脚的不同部位（内侧、脚背、外侧、脚底）控球，各 30 秒。每 10 秒会有伙伴伸出不同的手指数，运动员必须快速准确地识别并喊出来。喊出手指数的目的是证明运动员是抬头的，而不是低头看着脚和球。这有助于开发脚的协调性，而不是依赖于视觉。

练习 4.7
下肢颠球

年龄范围

8 ～ 14 岁。

目的

提高脚眼协调性和下肢协调性，改善整个身体意识和控制能力。

益处

运动员更好地意识到下肢在不同情况下如何通过不同的运动和控制进行反应。这个练习最适用于足球，也适用于冰球、橄榄球、长曲棍球以及其他需要运动员控制身体来执行手眼配合或脚眼配合任务的运动。

设施

每个运动员一个足球。

设置

空间需求小，但要让运动员感到舒适。

执行动作

分为 4 个阶段练习。运动员开始时在大腿和脚上耍足球。然后进阶到像控制和戏耍一个沙包一样。最后每个运动员都能转身并接住球继续控制和玩耍。

阶段 1

每个运动员控制一个足球，让它下落在大腿上，然后尝试着轻轻地将球传到另一侧大腿。当球落在大腿上时要缓冲一下（当球即将落在大腿上时，轻微地向下拉大腿，就好像用大腿来接住一个鸡蛋，不要让它破壳）。前几次球可以在　侧大腿上跳几次，然后再将它转移到另一侧大腿，这样做可以让运动员找到一种感觉和控制感。

比赛

运动员可以成功地将球从一条腿转移到另一条腿，而不让球掉到地面上。运动员自己计算成功转移的次数，并尝试打破以前的最佳成绩。

阶段 2

运动员重复上一阶段的练习，但接球和传球放在脚上，而不是大腿上。适用于

大腿的"颠球"技巧同样也适用于脚。在将球弹至另一只脚之前,要练习球落下时用脚缓冲一下,这样做可以让运动员找到控制感。

比赛

运动员可以成功地将球从一只脚转移到另一只脚,而不让球掉到地面上。运动员自己计算成功转移的次数,并尝试打破以前的最佳成绩。

阶段 3

进阶练习,工具是沙包而不是足球,重复前两个阶段学过的技能。这相当于调整为一个较小的球,需要更多的技巧来处理。

比赛

运动员可以成功将沙包从一只脚转移到另一只脚,而不让沙包掉到地面上。运动员自己计算成功转移的次数,并尝试打破以前的最佳成绩。

阶段 4

运动员重复前面的练习,但现在背对着伙伴站着,足球由伙伴拿着。当伙伴口头示意运动员时,运动员转过身来,伙伴扔出足球;运动员必须用大腿或脚接住并控制住球。在允许球掉到地上之前,继续颠球几次。

比赛

计算至少连续三次成功接住球并颠球的次数。计算成功将球从一只脚转移到另一只脚而不掉落的次数。运动员自己计算成功次数,并尝试打破以前的最佳成绩。

练习 4.8
击球

年龄范围

8 ～ 14 岁。

目的

通过触碰移动物体,提高手眼协调性。

益处

提高运动员整体的手眼协调性,这对于棒球、长曲棍球、网球、冰球和许多其他运动非常重要。这个练习不是为了提高一个棒球运动员的击球技术,而仅关注手眼协调性。正如前面提到的,击中棒球是非常困难的。在这个练习中,我们将仅关注碰到球,这可能是击中棒球的最重要方面。注意,这个练习让运动员挥动球拍击球 100 次，是一次理想的体验性练习，让运动员思维专注于一个方面（找到和识别球），而不会受其他干扰。

设施

20 个棒球、一个塑料球拍、20 个塑料高尔夫球。把 20 个棒球和 20 个塑料高尔夫球标上 4 种颜色：5 个带绿点的球、5 个带红点的球、5 个带蓝点的球以及 5 个带橙点的球。

设置

这个练习需要 10×10 码（约 9×9 米）的区域空间，最好是背靠栅栏，这样就容易捡球了。

执行动作

分为 5 个阶段，逐步进阶，挑战运动员对球移动的注意力，提高击球成功率。

阶段 1

每个运动员手拿一个塑料球拍和一个棒球。使用棒球可消除被乱球击中的恐惧，让运动员将全部注意力都集中在触球上。一个伙伴站在大概 5 码（约 4.5 米）远处，举手过肩后掷球。开始时运动员尝试击中前 20 个掷出的球。他们应该猛击所有的球，而不管这些球是否在好球区。击中的球越多，练习效果越好；我们建议使用至少 20 个棒球。

阶段 2

击球手继续击打每一个扔出的球，但是现在当运动员发现球从投手的手中掷出时，需喊出"球！"。这样可以训练运动员尽早地发现球，增加击球的成功率。尽早发现并识别球的轨迹是改善手眼协调性的关键。

比赛

计算 20 次掷球的命中分数。击斜的球也算作命中。击斜或犯规的球计 1 分，所有其他固定接触计 2 分。记录每 20 次掷球的总分数，最高为 40 分，运动员自我测试并比较自己的最好成绩。

阶段 3

增加球的识别难度，提高运动员的整体注意力。用 1/4 英寸（约 6 毫米）的彩色圆圈标记每个球，每个球标记两处，确保每个球的颜色不同。当球离开投手的手中时，要求运动员识别出球上彩色圆圈的颜色。

🎖️ **比赛**

计算 20 次掷球的命中分数。击斜的球也算作命中。击斜或犯规的球计 1 分，如果正确识别出击斜球的颜色计 2 分，所有固定接触计 3 分，固定接触加正确识别颜色计 4 分。记录每 20 次掷球的总分数。每 20 次掷球可以得到最高 80 分。运动员自我测试并跟踪自己的最好成绩。

阶段 4

进阶练习。使用塑料高尔夫球替代棒球。击球手继续击打每一个掷出的球，同时在他们发现球离开投手的手中时，喊出"球！"。使用较小的球训练运动员，可增加他们在后续击打常规尺寸的球时的命中率。尽早发现并识别球是改善手眼协调性的关键。

🎖️ **比赛**

计算 20 次掷球的命中分数。击斜的球也算作命中。击斜或犯规的球计 1 分，所有其他固定接触计 2 分。记录每 20 次掷球的总分数。最高 40 分。运动员自我测试并比较自己的最好成绩。

阶段 5

进阶练习。用 1/8 英寸（约 3 毫米）的彩色圆圈标记塑料高尔夫球。每个球标记三处，每个球使用不同颜色。击球手继续击打每一个掷出的球，当球离开投手的手中时，击球手应识别出球上彩色圆圈的颜色并喊出来。这一阶段可训练运动员增加他们在后续击打常规尺寸的球时的命中率，尽早发现并识别球的轨迹是改善手眼协调性的关键。

🎖️ **比赛**

计算 20 次掷球的命中分数。击斜的球也算作命中。击斜或犯规的球计 1 分，如果正确识别出击斜球的颜色计 2 分，所有固定接触计 3 分，固定接触加正确识别颜色计 4 分。记录每 20 次掷球的总分数，最高 80 分。运动员自我测试并比较自己的最好成绩。

练习 4.9

运动中的手眼协调性

年龄范围

8 ～ 14 岁。

目的

通过在运动中接触某个移动物体来提高手眼协调性。

益处

这种技能主要适用于网球，但对其他项目运动员来说也是有用的，因为它训练眼睛跟踪运动中不同位置和状况的球。这个技能有助于开发运动员对棒球、篮球、足球、长曲棍球移动轨迹的捕捉技能。

设施

每名运动员一个网球拍、20 个网球、4 个平面橡胶圆垫。

设置

寻找一块 15×15 码（约 14×14 米）的硬地面，最好是网球场，但任何硬地面都可以。

执行动作

练习的重点是在运动中击球。分为 3 个阶段，逐步进阶，挑战运动员对球的注意力。

阶段 1

在运动员两侧横向 5 码（约 4.5 米）的地方各放置一个橡胶圆垫。伙伴开始不断地发反弹一次的网球，交替发往左右两个圆垫方向。运动员击球时，球必须通过 10 码（约 9 米）前场线，并保持在两个圆垫之间的宽度内。当运动员拍击一个球后，下一个球将发向另一个圆垫，直至所有 20 个网球喂完。

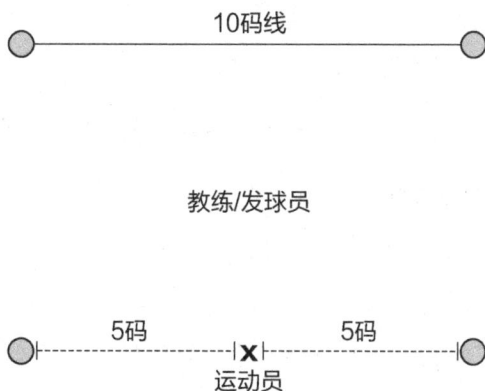

🏅 **比赛**

记录有多少球仅一次反弹后被击中，并返回越过标记的 10 码（约 9 米）线。每个球仅一次反弹后被击中计 1 分，球返回到两个横向圆垫之间再计 1 分。最高 40 分。

阶段 2

进阶练习。发球员将球直接发向两个横向圆垫时没有反弹。运动员必须在球弹跳前击球，并将球返回至标记 10 码（约 9 米）前场线的两个横向圆垫之间。

伙伴将球喂至每一个圆垫，连续交替进行，不要停止。当运动员拍击一个球后，下一个球将发向另一个圆垫，直至所有 20 个网球发完。

比赛

记录成功将球返回越过标记的 10 码（约 9 米）前场线且在两个圆垫宽度之间的次数。每个球不反弹被击中计 1 分，球返回到两个 10 码（约 9 米）前场线圆垫之间再计 1 分。最高 40 分。

阶段 3

进阶练习。要求运动员背对发球员进行练习，发球员将球发向某个圆垫时，他会提示运动员转身。运动员必须找到球、接近它，然后将它击回越过 10 码（约 9 米）前场线。重复球有一次反弹的练习 10 次，重复球不反弹的练习 10 次。

比赛

记录成功将球返回越过 10 码（约 9 米）前场线且在两个圆垫宽度之间的次数。每个球仅一次反弹后被击中计 1 分，球返回到两个前场线圆垫之间再计 1 分，最高 20 分。

每个球不反弹被击中计 2 分，每个球不反弹被击中且球返回到两个前场线圆垫之间计 4 分，最高 40 分。

练习 4.10
橄榄球协调性

**专项
练习**

年龄范围

8 ～ 14 岁。

目的

改善手眼协调性和整个身体协调性，培养橄榄球运动员的意识。

设施

需要一个橄榄球（小号适合于 8 ～ 12 岁，中号适合于 13 ～ 14 岁）、4 个锥筒、两个 6 英寸（约 15 厘米）栏架和一些粉笔。

设置

用 4 个锥筒摆成 15×15 码（约 14×14 米）的正方形区域。每一侧画上 6 ～ 8 英尺（约 1.8 ～ 2.4 米）长的粉笔线（或使用已划线的运动场地）。

执行动作

分为 4 个进阶动作。开始时运动员在边线控制球，保持脚在界内（一只脚和两只脚都可以）。接下来练习一只手在边线控制球，然后练习在背后控制球。

阶段 1

第一个阶段是从界外把球传给边线上的运动员，让他伸展身体以便接住球。运动员必须首先尝试双脚在界内接球，然后是单脚在界内接球。目标是训练身体同时协调完成两个任务（接球和控制脚在界内）。每进行 10 次传球后，将方向反过来，在场地的另一侧接球。在运动员能够轻松沿着边线接球后，就可以进阶到第二阶段。

阶段 2

进阶练习。沿边线放置一个 6 英寸（约 15 厘米）的栏架，要求运动员跑向栏架，两脚同时跨越栏架，并立即伸展身体接住界外扔过来的球。每练习 10 次后，再反向练习。重复此练习，但是在每个运动员跨过栏架的同时，尝试伸展身体接住界外扔过来的球，并保持一只脚在界内。每练习 10 次后，再反向练习。

比赛

尝试 10 次连续接球，在跳过 6 英寸（约 15 厘米）栏架后成功接住球，并且双脚在界内未出边线，计 1 分。遵循此规则再尝试 10 次连续接球，在跳过 6 英寸（约 15 厘米）栏架后成功接住球，并且一只脚在界内未出边线，计 2 分。最高 30 分。

阶段 3

继续从界外将球扔给边线上的运动员，但这次是进阶练习，为运动员增加难度，运动员使用单手接球，且双脚在界内。然后按此规则，保持单脚在界内。

比赛

尝试 10 次连续接球，成功用单手接住球，并且双脚在界内未出边线，计 2 分。遵循此规则再尝试 10 次连续接球，成功用单手接住球，并且一只脚在界内未出边线，计 4 分。最高 60 分。

阶段 4

进阶练习。运动员尝试在边线接住背后的球，同时保持一只脚或两脚在界内。目标是练习整个身体控制能力和保持注意力，同时执行有一定难度的多个任务。此练习仅在运动员已经能够在边线成功单手接球后再做尝试。13 岁以下的运动员不要尝试这个阶段。

🏅 **比赛**

尝试 10 次连续接球，每次在边线成功接住背后的球计 10 分，最高 100 分。

练习 4.11
长曲棍球协调性

年龄范围

8 ~ 14 岁。

目的

提高手眼协调性，同时在练习中引入视觉障碍以帮助提高注意力和整个身体意识。

益处

整个身体意识、手眼协调性和高度集中注意力是在长曲棍球快速节奏运动中实施诸多基本技巧的关键。

设施

4 个长曲棍球、1 个长曲棍球网、2 个长曲棍球棍、1 个橄榄球门柱。

设置

在橄榄球门柱后方 10 英尺（约 3 米）处放置长曲棍球球门。运动员站在离橄榄球门柱 10 英尺（约 3 米）远的地方，位于长曲棍球球门的另一侧。伙伴或教练站在橄榄球门柱的长曲棍球球门一侧，拿着 4 个长曲棍球。

执行动作

分为两个阶段。运动员在橄榄球门柱（用于妨碍运动员的视野）前方约 10 英尺（约 3 米），开始从一侧跑向另一侧［两个相距约 6 码（约 5 米）的锥筒之间］。此练习试图模拟游戏情境，在运动员试图接球、传球和射门时，其视线受到阻碍。

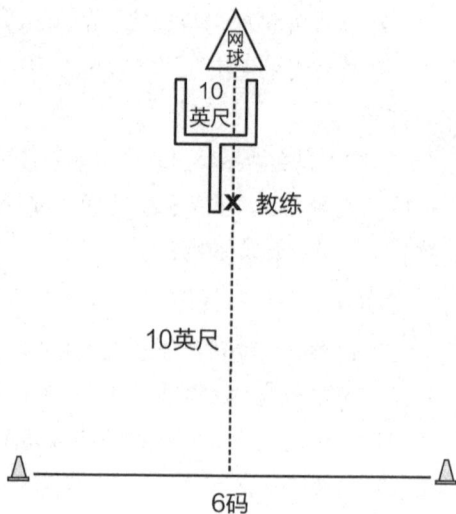

阶段 1

当运动员在橄榄球门柱前方跑动时（从左至右，从右至左），教练或伙伴共为运动员传 10 个球，传球时不告诉运动员，同时两侧传球均等。在任何时候，运动员必须在橄榄球门柱一侧成功地接住球，然后立即横向转到门柱另一侧并射门。

🎖 **比赛**

每次比赛中运动员共尝试 10 次接球。每成功接住球得 1 分，每成功射进球门再得 1 分。确保均等地往橄榄球门柱两侧发球，确保运动员一旦通过橄榄球门柱立即射门。最高 20 分。

阶段 2

当运动员在橄榄球门柱前方跑动时（从左至右，从右至左），教练或伙伴共为运动员传 10 个球，传球时不告诉运动员，同时两侧传球均等。与阶段 1 类似，当运动员从左至右和从右至左跑动时，在任何时候，运动员必须在橄榄球门柱一侧成功地接住球，然后立即执行 180 度旋转，再转到门柱另一侧并射门。

🎖 **比赛**

每次比赛中运动员共尝试 10 次接球。每成功接住球、180 度旋转、转到另一侧，得 1 分，每成功射进球门再得 2 分。确保均等地往橄榄球门柱两侧发球，确保运动员一旦通过橄榄球门柱立即射门。最高 30 分。

第**5**章

锻炼平衡能力

广义的平衡是指在特殊情况下不发生任何变化的平衡状态或均衡状态。人体的平衡系统由视觉系统和运动系统（肌肉、骨骼和相应传感器）组成；在眼睛、内耳和神经末梢（分布在肌肉、肌腱和关节上）三种感觉器官的共同作用下，帮助人体在不同情况下保持方向感和平衡感。例如，从事滑雪运动时，大脑首先收到能反应身体位置的视觉信号，接着收到来自全身其他感觉器官的信号，包括位于足底的传感器。这些信号会指引你与周围环境相适应并保持平衡状态。而在发展平衡能力时，需要发展"肌肉记忆"能力（参考第4章），需要动员的肌肉能够适时地、自动地实现紧张和放松，这可以帮助身体在运动过程中保持良好的平衡能力。身体正是经历了这个过程才学会了如何骑自行车。在学习过程中，身体向大脑发出信号，使身体适应不同的位置和姿势，最终肌肉记忆替代了大脑的工作，身体可以自然而然地完成各个动作。

平衡能力是运动员必备的基本技能，几乎所有的运动项目都需要花费时间来发展运动员的该项能力。我们可以设想足球运动员在控球时，棒球投手在将球扔向本垒时，篮球运动员在跳投时，橄榄球的前锋在突破防守时，抑或是网球运动员在发球后上网的过程中，平衡能力都在正确执行动作中起到至关重要的作用。

如果丧失了平衡能力，我们在协调身体各部分的动作时，就不会有节奏感和流畅感，并且无法在稳定的状态下完成多个动作。通过观察高水平NBA篮球运动员在运球、移动以及向篮筐滑行的动作中，或是NHL运动员在冰上迅速移动中射门的动作，抑或是PGA运动员每次都能高质量地完成挥杆动作，可以发现7项身体素质中的4项（敏捷性、协调性、速度和力量）都需要在平衡能力的支持下才能有效地展现出来。例如，如果没有与之匹配的平衡能力，是无法流畅地完成棒球、高尔夫球和网球的挥动（棒、杆、拍）动作的。

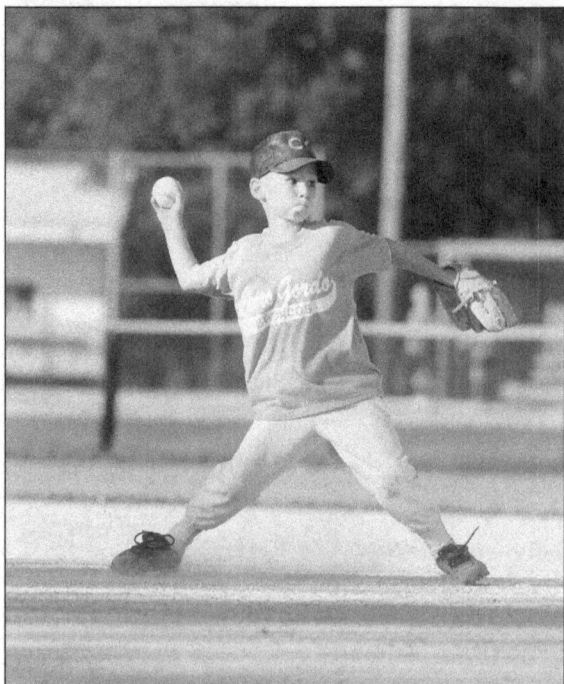

平衡能力能够帮助运动员在稳定状态下完成专项运动技能需求，如投掷棒球的过程

不论你做哪种需要快速移动身体的运动，平衡都是运动员的必备能力；如挥动高尔夫球杆、游泳、击打棒球后跑垒、高山滑雪、面对对手时控制冰球前进、足球和长曲棍球等，平衡在大多数动作中都起到了至关重要的作用。它主要表现在重心的变化，这样可以帮助运动员在不同的体态和动作中，连续完成各种动作转换。而一般来说在完成动作之前或之后容易失去平衡，这就使得在完成一个动作后和开始下一个动作前需要有快速的再平衡能力。

发展平衡能力包括提高平衡、自我控制和全身意识。而我们清楚平衡是运动员发展的基础能力。对在儿童时期发展平衡能力的关注越多，孩子就越能完成更难和更复杂的任务，如在棒球比赛中实现双杀，在橄榄球比赛中全速跑时扔球，在篮球比赛跑动时改变方向，以避开防守球员，在冰球比赛中利用手杖改变滑行距离，以避开防守人员等。

本章内容主要包括在训练和比赛中如何发展儿童的平衡能力，帮助他们提高在不同运动项目中控制身体的感觉和能力。我们使用方法包括从静态位置开始到动态，从有人辅助到无人辅助等。我们以此来逐步提高运动员取得成功的基本能力，并为将来有良好的身体状况做好铺垫。

我们需要越来越关注平衡训练，它可以提高我们的核心力量和身体的稳定性，并有效预防很多人在成年后出现的背部和髋部损伤情况的发生。

练习 5.1
动态平衡性

年龄范围

8 ～ 14 岁。

目的

提高整体平衡能力，帮助运动员提高在不稳定状态下的控制能力。

益处

通过发展肌肉的记忆能力，运动员的动态平衡能力得以提高；并通过提高平衡能力，促进其他运动素质的发展。

设施

长为 8 ～ 10 英尺（约 2.4 ～ 3 米），4×2 英寸（约 10×5 厘米）左右的木条；2 个网球；6 英寸（约 15 厘米）和 12 英寸（约 30 厘米）栏架各一个。

设置

将木条放在平地上。运动员需通过木条并走回出发点。

执行动作

可以通过 7 个阶段的动态平衡训练来提高平衡觉。平衡感的进阶过程包括缓慢渐进地提高动作的复杂度和动作数量。从安全的角度考虑，我们建议孩子在通过木条完成各种动作时，需要有专人保护。

阶段 1

运动员需要通过木条 4 次，并尽量不失去平衡，不要触碰地面。向前走通过木条后，需立刻回到起点，开始倒行穿过木条。第一次穿过木条时，允许其注视脚和查看后方，但后面的练习中，

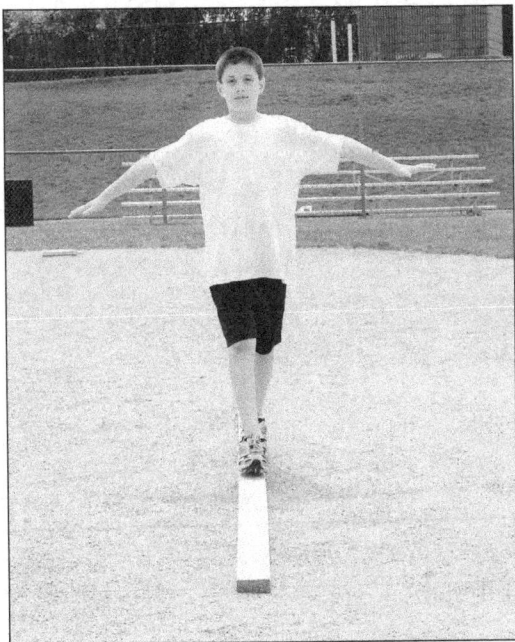

则需要一直注视前方。

阶段 2

运动员还是在木条上行进 4 次，但在向前行进结束时需转体 180 度，向后行进结束时转体 360 度。抬高脚踝并转动臀部行走时，足部不能触碰地面，双臂在身体两侧伸出。儿童逐渐适应后，无需伸出手臂来保持平衡。儿童可以继续向前或向后通过木条。

阶段 3

运动员行进方式和阶段 1 一致，但要在行进间抓住 10 英尺（约 3 米）外投来的网球。每个运动员都应在木条上保持平衡，同时尝试抓住他人投来的网球。而投球的方向和方位需要不停变换，既要包括在身前身后进行投球，也要包括扔高球和扔低球。

🎖 比赛

运动员需在 60 秒内一边行进，一边尽可能多地与队友进行抛接球。并且要记录在木条上成功抓住网球的次数。每抓住一次积 1 分，准确抛给队友一个球也积 1 分。假如运动员从木条上落下，则需重新从零开始计分。

阶段 4

本阶段行进方式与阶段 1 一致。但运动员应抛起两个网球，然后抓住这些网球。两手要将球同时向上抛到空中；球落下时不得换手。

阶段 5

运动员在木条上快速地向前和向后
行进。

阶段 6

运动员在木条上横向（侧向）交叉
步（a）移动后回到直立姿势（b），此时
将最开始移动的腿从另一条腿后方迈过。
运动员在木条上移动，回到另一端时要面
对同一个方向。能够很好地控制移动时，
可以提高速度。

可在木条上方分别放一个 6 英寸（约
15 厘米）和 12 英寸（约 30 厘米）的栏架，
以增加训练难度。从安全角度出发，需要
有辅助人员在栏架后方引导运动员正确
地跨越障碍。

比赛

记录运动员跨过 6 次障碍所需最短时间（木条上障碍之间的距离一致），在
木条上出现一次失误时，增加 3 秒时间。

阶段 7

这个阶段需两人共同完成。将两根木条并排拼接在一起。两名运动员进行相向移动，互相不接触，也不能停止。两个运动员都能完成训练时，则开始两人配合完成之前 6 个阶段的训练。为了增加难度，可去掉一根木条。这样不断重复，直至两名运动员可以轻松成功地完成所有训练。

练习 5.2
跪姿平衡性

年龄范围

8 ～ 14 岁。

目的

在不同情况下提高整体平衡能力，帮助提高在不稳定状态下的控制能力。

益处

通过发展肌肉记忆能力，运动员的动态平衡能力得以提高。为了提高平衡能力，运动员必须发展躯干核心部位（包括腹肌、下腰部和髋部）的肌肉记忆能力。

设施

包括 Vew-Do 平衡训练器或半卷泡沫。Vew-Do 平衡训练器是一块平坦的椭圆形木板，通过调节其底部的三个支点附件来增加平衡训练难度。你可以从体育用品商店找到 Vew-Do 平衡训练器，或咨询其官网。

设置

将 Vew-Do 平衡训练器、半卷泡沫放置于半硬的地毯或硬的体操垫上。

执行动作

本练习分为两个阶段。

阶段 1

运动员在开始时将双手和双膝都放在训练板或泡沫上，要求运动员在双手和同侧的膝关节和足尖支撑的情况下将另一侧膝关节抬离训练板（a）。抬起的脚距离地面几英寸，并将膝关节渐渐伸直。每个运动员要将腿完全伸展，膝盖锁死并将躯干调节至与地面平行（b）。在抬起脚并保持平衡的状态下，交替双腿进行以上动作，然后尝试双脚同时离开地面，双手在屈曲的双膝两侧。

阶段 2

运动员双手离开训练板（或泡沫），两侧脚尖也抬离地面，只用双侧膝关节来尽可能保持长时间的平衡。将双手抬高后放于身体两侧可以帮助运动员尽快和长时间保持平衡。

比赛

记录运动员保持平衡并停留在训练板或泡沫上的时间。共进行 5 次尝试。整体的竞赛得分方法是，运动员在不落地的前提下，停留在平衡板（泡沫）上 1 秒，则积 1 分，将 5 次尝试的积分总和进行排名。

练习 5.3
平衡板训练

年龄范围

8 ～ 14 岁。

目的

在不同情况下提高整体平衡能力；帮助提高在不稳定状态下完成运动的基本

技能，如抛接球。

益处

运动员通过肌肉记忆能力开发运动中的平衡感。在下肢和足底的神经感觉的帮助下，建立肌肉记忆能力，最终使得运动员的动态平衡能力得以提高。

设施

Vew-Do 平衡训练器或半卷泡沫。

设置

将 Vew-Do 平衡训练器、半卷泡沫放在半硬的地毯或硬的体操垫上。并确保有专人保护运动员不出现意外损伤。运动员需在训练和比赛过程中戴上头盔。

执行动作

本练习分为两个阶段。训练初期只是完成简单的平衡技术，但后期逐渐加入运动专项要求。

阶段 1

使用 Vew-Do 训练板底部的跷跷板支点开始训练。如果没有该训练板，也可以使用泡沫（体育品商店的健身区可以找到）。运动员在平衡板上尽量保持站立姿态。能够很好地掌控平衡后，进阶到训练过程的比赛阶段。

比赛

记录运动员保持平衡，并站立在训练板或泡沫上的时间。共进行 5 次尝试，运动员在不落地的前提下，每停留平衡板（泡沫）上 1 秒则积 1 分，将 5 次尝试的积分总和进行排名。

阶段 2

运动员保持平衡的同时，可以同时完成其他专项技术。如运动员在完成阶段

1 的同时，可以站在板子上和队友一起抛接篮球、
足球或网球等。队友接到球以后，在板子上保持
平衡的情况下将球抛回。而对于 12 岁及以上运
动员可以从较轻的药球开始。通过观察运动员抛
接球时的反应和逐渐增加健身球的重量，可以判
断运动员的整体平衡能力。

比赛

记录运动员在保持平衡的状态下，停留在
板上的时间，以及成功抛接球的总数。在板（泡
沫）上停留 1 秒则积 1 分，而每成功接住一球也
积 1 分。将 5 次尝试的积分总和进行排名。

练习 5.4
不同身体姿态下的平衡训练

年龄范围

8 ～ 14 岁。

目的

提高当身体在不同姿态下的整体平衡能力。

益处

运动员通过肌肉记忆能力开发运动中的平衡感。让运动员在曲棍球、橄榄球、
足球、篮球、长曲棍球等比赛中经常遇到的在不舒服的身体姿态下，还要保持平
衡和继续比赛，并最终体现在动态平衡能力得以提高。例如在足球中，需要在踢
球的同时加入转体动作，或是在即将摔倒时，足部能够控制身体平衡并保持继续
向前奔跑。

设施

Vew-Do 平衡训练器或半卷泡沫。

设置

将 Vew-Do 平衡训练器或半卷泡沫放在半硬的地毯或硬的体操垫上。确保有

专人保护运动员不会出现意外损伤。运动员也需在训练和比赛过程中佩戴头盔。

执行动作

该训练的执行难度极大，需在运动员能够完成之前的平衡板训练后再进阶到这一部分。运动员需要在平衡板上处于下蹲的状态下转动身体，用左手触碰右腿。身体向右转动，右臂可以用来保持平衡，或是放在身体后方来增加训练难度。运动员可以根据专项特点来变换不同方向、换手和触碰对侧腿。

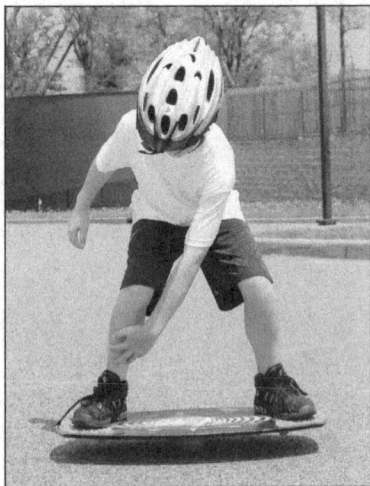

比赛

练习 5 次，记录运动员能够保持平衡的总时间。每停留 1 秒积 1 分，对在平衡板（泡沫）上 5 次尝试的积分总和进行排名。

练习 5.5
骑行平衡训练

年龄范围

8 ～ 14 岁。

目的

使用非传统的训练工具自行车来提高整体平衡能力。

益处

在孩童时期必须掌握的技能之一就是能够在自行车上保持平衡。骑行也是一种提高运动员整体平衡能力的技术，它通过发展肌肉记忆能力来提高身体在动态活动中的平衡感觉。它也是促进孩童能够完成各项运动的一个要素。大多数儿童都知道如何骑自行车，但他们从不将自行车作为提高他们运动技能的工具。我们可以考虑将自行车带入到曲棍球、橄榄球、足球、篮球、长曲棍球等项目的训练过程中。

设施

山地车或小轮车，以及保护头盔。

设置

可将训练场地安排在公路、停车场、草地或土路上。需有专人进行保护。保护人员应该在骑车运动员身边跟随，以防运动员在自行车移动过程中摔倒。所有骑车人员需要佩戴头盔。

执行动作

这部分动作由简到繁，共分 7 个阶段的训练。

阶段 1

运动员保持骑行状态，即双脚放于踏板，手扶把手，坐于座位上。需提醒运动员除了手部紧握把手外，还需将骑行时的重心一直放于两腿之间。

🏅 **比赛**

记录运动员在脚不着地的情况下，能够保持平衡的时间。积分规则和之前一样，即双足每在自行车上保持平衡且脚不着地 1 秒，即积 1 分。可以通过观察运动员在自行车上保持平衡的时间来判断运动员的进步。取 5 次尝试的最好成绩与其他 6 个训练阶段的最好比赛成绩相加进行排名。

阶段 2

运动员的双足放于踏板，双手紧握把手，但臀部抬离座椅。如果运动员不能完全控制自行车，需让他们将自行车的重心放于两腿之间。

🏅 **比赛**

记录运动员在脚不着地的情况下，能够保持平衡的时间。积分规则为双足每在自行车上保持平衡且脚不着地 1 秒，即积 2 分。可取 5 次尝试的最好成绩与其余训练阶段的最好比赛成绩相加进行排名。

阶段 3

运动员的双足放于踏板，单手握把手，臀部抬离座椅。

🎗 **比赛**

记录运动员只用两个轮胎保持平衡，而脚不着地的情况下，能够停留的时间。积分规则为双足每在自行车上保持平衡且脚不着地1秒，即积3分。可取5次尝试的最好成绩与其余训练阶段的最好比赛成绩相加进行排名。

阶段 4

运动员的双足放于踏板，臀部坐在座椅上，双手离把。

🎗 **比赛**

记录运动员在只用两个轮胎保持平衡而脚不着地的情况下，能够保持平衡的时间。积分规则为双足每在自行车上保持平衡且脚不着地1秒，即积4分。可取5次尝试的最好成绩与其余训练阶段的最好比赛成绩相加进行排名。

阶段 5

运动员身体在自行车一侧，只将一足放于踏板，臀部坐在座椅上，双手握把。可提醒运动员双手保持稳定并使轮胎向前，可轻微完全身体，并改变自行车重心。运动员能够完成以上训练时，可以提高难度至单手握把。后面这个练习比较难，需要专人保护来完成。

🎗 **比赛**

记录运动员在只用两个轮胎保持平衡，而脚不着地的情况下，能够保持平衡的时间。积分规则为双足每在自行车上保持平衡且脚不着地1秒，即积5分。取5次尝试的最好成绩与其余训练阶段的最好比赛成绩相加进行排名。

阶段 6

之前的训练都是静态练习，而本阶段将进阶至动态训练。运动员在固定的距离内（约20码/18米）以中等速度骑车，然后使用前后车闸来控制滑行速度，直至自行车完全停止下来。此时要求双手紧握把手，双脚踩在踏板上，需保持平衡，脚不触碰地面。

🎖 **比赛**

记录运动员在脚落地前，能够保持平衡的时间。积分规则为脚在自行车上时保持平衡 1 秒，即积 6 分。取 5 次尝试的最好成绩与其余训练阶段的最好比赛成绩相加进行排名。

阶段 7

运动员能够很好地完成阶段 6 后，即在 20 码（约 18 米）内骑行并停下，开始进入下一阶段的训练。本练习要求运动员在一侧足部支撑在踏板上时另一条腿完成骑跨自行车的动作，然后将脚放在与另一只脚相同的一侧，且不能使用刹车，直到自行车停止。本阶段训练所关注的重点不是骑行的速度和距离。而是在完成骑跨和自行车停止时保持平衡状态。

🎖 **比赛**

记录运动员在双足落地前，能够保持平衡的时间。积分规则为双足每在自行车上保持平衡且脚不着地 1 秒，即积 7 分。取 5 次尝试的最好成绩与其余训练阶段的最好比赛成绩相加进行排名。

练习 5.6

卷体、平衡和跑步

年龄范围

8 ～ 14 岁。

目的

通过身体在不同姿态下保持和恢复平衡的训练，提高运动员做专项动作时的整体平衡能力。

益处

通过建立肌肉记忆，最终使运动员的动态平衡能力得以提高。通过训练运动员在倒地后，用足部迅速站起，重新获得平衡后继续比赛的能力。

设施

训练垫（也可选择草地或草皮上）；8 英尺（约 2.4 米）长，4 英寸（约 10 厘米）宽，1.5 英寸（约 3.8 厘米）厚的聚酯平衡木。

设置

将平衡木放在半硬的地毯上或草地上，前端连接训练垫。如果发现平衡木有移动的可能，可让人踩住其远端。如果没有训练垫，也可用较软的地毯或草地替代。

执行动作

本练习分为两个阶段。已完成本章其他平衡训练的运动员可以进阶训练。

阶段 1

运动员在平衡木前方 4 英尺（约 1.2 米）站定后进行前滚翻（a，b）。在前滚翻结束时运动员尝试将双脚踩在平衡板的一端上（c），并在平衡板上站起（d）。然后在不失去平衡的前提下，立刻向平衡板的另一端移动。

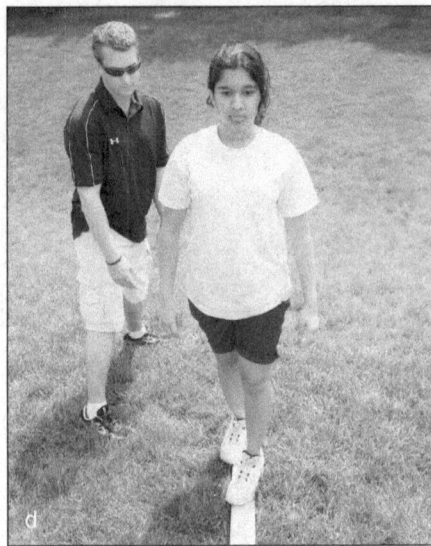

阶段 2

进阶训练为运动员向后退，然后缓慢走近平衡木时，进行前滚翻站起后，并立刻跑到平衡木的另一端。运动员前滚翻时辅助人员要对运动员进行监控并保护运动员的颈部。辅助人员还要靠近平衡木，防备运动员摔倒。

练习 5.7
■■■■ 网球平衡训练 ■■■■

年龄范围

8 ～ 14 岁。

目的

提高在不稳定和丧失平衡情况下击打网球的能力。

益处

通过建立肌肉记忆，最终使运动员的动态平衡能力得以提高。网球运动员经常会遇到在不舒服的身体姿态下尝试救球和回击。本练习强制要求运动员在不稳定或不舒服的姿态下击打网球。

设施

4 个半圆形泡沫、12 个网球、网球拍。

设置

在半个网球场地的发球区放置 4 个半圆形泡沫，分别放在两个发球区域和中间位置，其距网的距离为 2 英尺（约 0.6 米）。

发球机

执行动作

队友或发球器将球发到运动员的两侧。运动员在半圆形泡沫上前后移动并将球击打过网到对面边线，持续 2 分钟。

🎖 **比赛**

在泡沫上击中球积 1 分，将球

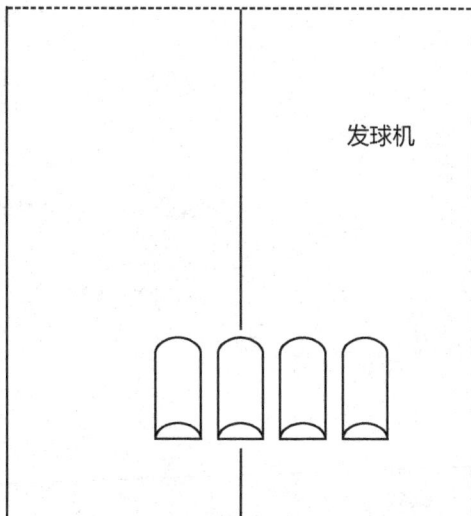

击回对方边线前也积 1 分。如果运动员从泡沫上掉落, 则需重新积分; 计时 2 分钟。

练习 5.8
▰ 篮球平衡训练 ▰

年龄范围

8 ～ 14 岁。

目的

提高在不稳定和丧失平衡情况下击投篮的能力。

益处

通过建立肌肉记忆, 最终使运动员的动态平衡能力得以提高。篮球运动员经常会遇到在不舒服的身体姿态下尝试投球。本练习强制要求运动员在不稳定或不舒服的姿态下投球。

设施

Vew-Do 平衡训练板和 3 个篮球。

设置

将 Vew-Do 训练板放在篮架前。队友站在篮筐下, 不断将球传至运动员手中。

执行动作

运动员需先在平衡板上保持稳定。然后队友不断进行空中喂球，运动员不断接住来球并投篮，训练时间为 2 分钟。队友喂球时可通过击地传球来调整训练难度。

比赛

运动员稳定地站在平衡板上每接到一个球即积 1 分，投入篮筐积 2 分。每次比赛的时间为 2 分钟。记录运动员掉到地面前所得的最高分。

第6章

锻炼耐力

耐力是让运动员长时间保持良好体能或精神状态以及力量的能力。尽管谈到耐力，人们一般都会联想到马拉松、铁人三项、自行车等项目，但是其实每项运动或体育活动都是需要耐力的。比如足球、长曲棍球、冰球、篮球、橄榄球和网球等项目显而易见都是需要耐力的。上述全部运动的特点都是持续时间较长，没有棒球那样明显的场次间歇。像棒球和垒球这样的项目节奏都比较慢，除非你是投手或捕手，对于体力的要求并不是很高。尽管如此，在棒球运动中，还是需要依靠提高耐力来增加力量（将在第 7 章中详细讨论）。不管是什么运动，高水平运动员对于耐力都具有其具体的需求。

运动员拥有良好的耐力就可以确保他们在做技术动作时不会感到疲劳或者精力不集中。运动员在比赛中感到疲劳时，可能会导致他们因此无法出色地展现自己的技能。比如，曲棍球守门员在比赛快结束时，可能会因为疲劳而扑不到本在防守范围内的进球，导致对方进攻成功得分。疲劳也会影响注意力和判断力，比如篮球得分后卫在疲劳的情况下，可能会错过挡拆而失去宝贵的得分。

如今孩子每天花费大量时间用来玩电脑、游戏机和看电视。他们在学校期间和往返学校的路上大部分时间都是坐着，只有在换教室和吃午饭时会稍有运动。而且有时为了其他课程会缩减甚至取消体育课，孩子进行体育活动的时间就大幅减少了。另外，许多学校因为经费的问题很难维持课后的体育活动和运动。这些因素结合起来导致孩子的体力得不到锻炼，尤其在参加团体项目时差异就会非常明显。

孩子天性喜爱奔跑、活动以及玩耍带来的自由自在。但是，对于大多数孩子来说，想要获得较好的耐力只能通过有组织有计划的练习或比赛来实现。这样一来，耐力训练就变成了一种过时的训练方法而被人们所忽视。不幸的是，耐力训练现在往往被用作一种惩罚手段。运动员们在迟到、犯错误或行为不当时，会受到跑长跑或做俯卧撑等惩罚。这种惩罚方式会引起运动员对耐力训练的厌恶心理。耐力是提升运动表现的必要素质之一，因此绝不应该将耐力训练只作为一种惩罚手段。而应该将耐力训练变成一种有趣味的活动，让孩子乐意为之。

实施耐力训练应该讲究策略。并非必须在练习中的一个特定时间内完全用来提高运动员的耐力。将耐力训练分解到一次练习中时，应逐渐增加各个阶段中每个运动员的训练强度。这就意味着，想要获得最佳的训练效果，在训练中要将运动员按年龄和在团队中的位置对耐力训练进行定制。我们分两阶段进行耐力训练：常规运动健身（主要针对 8 ～ 14 岁的运动员）和运动专项运动健身（针对 10 ～ 14 岁的运动员）。为了达到我们的目标，我们集中精力进行常规运动健身，同时兼顾运动专项需求。不管什么运动，都是需要耐力素质的。而针对专项的运动健身就不是每个孩子所必需的了。你可以根据运动员的专项需求进行创新，为他制订专属耐力训练计划，帮助他达到最佳的竞技状态。

为了培养孩子对于运动训练的积极态度，应该把耐力训练编排成有趣的体育活动

儿童少年的耐力训练应由基本但充满乐趣的体育活动组成，也有助于激励运动员主动进阶到更高水平的运动健身。大多数此年龄健康的孩子天生就拥有足够的体力来完成他们希望参与的各个运动项目。但是由于美国当今社会久坐成性的生活方式，耐力训练的重要性不容忽视。

最好的儿童常规耐力训练计划是将不同的项目内容融合在一起。举例来说，如果你是篮球教练，可以花两个 6 ~ 9 分钟的时间进行小场地的足球、长曲棍球或夺旗橄榄球活动。这种方式可以让你队员做出与其专项运动完全不同的动作，以快速提高身体的耐力。还可以通过比赛来增加新鲜感和乐趣。另外，通过玩极限飞盘来进行耐力训练也是一个选择。极限飞盘是流行于大学校园的一项极富乐趣的休闲娱乐活动，可以说这项运动是一种既有趣又有效的运动健身，可将运动员的注意力从疲劳中吸引开。极限飞盘的详细介绍参见第 86 ~ 87 页。

还有一种选择就是跨越障碍的练习，既能有效锻炼体能还充满了趣味和新意。没几个运动员会真正享受耐力训练，但是几乎所有人都乐意挑战不同形式和难度的障碍。这种训练方式使得运动员在专注练习其他体能素质（协调性、速度、力量等）的同时兼顾到耐力，这种一举两得的训练方法可以有效防止运动员很快感到疲劳。

条件允许的话，可以将你的障碍训练场地设置在不平坦的地面上。这样安排出于两种考虑：不断增加新的挑战，免得运动员感到训练枯燥乏味；单一重复的动作也会使机体产生适应感，降低训练效果。你可以把部分场地设在稍陡的坡上，这样运动员在行进中必须像障碍滑雪绕过雪锥一样要爬上去。如果附近有沙滩或沙地，还可以在训练课中加入挖坑及从坑中爬出等内容。（注：因为在沙地中需要耗费大量体力，所以应酌情缩短训练时长。）或者带队伍去定向越野；许多社团都在定向越野的途中增加了体能站。如果没有体能站，你也可以加入一些额外的运动健身，比如在结实的树干上做引体向上，在圆木上做俯卧撑等等。开发障碍训练课时，要注意循序渐进地增加难度，并且要考虑到身体各个阶段的体能锻炼，这样才能加速提升整体综合体能水平。障碍训练课程实例详见本书第 78 ~ 81 页。

最常见的耐力训练就是跑步。大多数项目的耐力训练都是采用在田径场上跑圈的方式进行的，而且很容易与其他体能执行结合在一起进行，因此跑步确实是一种非常好的增加耐力的训练方法。如果选对方法，跑步也可以变得有趣。在跑道上时，可以让运动员以不同的方式进行跑步。这是因为大多数运动员在专项中不会进行匀速跑，他们需要冲刺、慢跑、临时加速、突然减速以及快速变向。不同速率和类型的跑动还可以帮助运动员锻炼不同部位的肌肉群。田径场上的运动健身案例参见第 81 ~ 82 页。

总体来说，10 岁及以上的运动员还是需要在田径场上进行耐力训练的，因为他们已经变得精力比较集中，不那么容易感到训练是枯燥无聊的。年龄更小的孩子应该主要参加以活动为主的且有游戏性质的训练，让他们不要将注意力集中在跑步上。

你也可以考虑带你的队员去一个不寻常的训练地点，比如说游泳池。在水中跑步时的阻力可以很好地锻炼队员全身的体能，还可以避免在陆地上跑步可能会发生的一些损伤。水中跑步通常在水池的深水区进行，需要会游泳和救生的成年人密切监控。运动员要像在跑道上跑步一样踩水。在运动员有足够的能力和信心完成水中跑步训练之前，都要穿戴救生衣或救生圈。具体内容详见第86页。

练习 6.1

■ 年幼儿童的耐力训练 ■

年龄范围

8～9岁。

目的

提高运动员整体耐力素质，为参与众多活动和比赛做出准备。

益处

运动员在比赛过程中出现疲劳状态时，还能有较好的耐力来有效地完成技术动作。

设施

30个锥筒、2个3磅的实心球、24个低栏架、2个10磅的药球、20个12英寸（约30厘米）栏架、秒表和口哨。

设置

可让6名运动员同时完成该项训练，其他人员可先进行其他训练。运动员轮换进行该6分钟训练。在足球场或其他草地画出50码（约45米）长和30码（约27米）宽的区域。每间隔10码（约9米）画出3条跑道，使用10个锥筒来确定每条跑道长度；三条跑道长度分别为50码（约45米）、30码（约27米）和20码（约18米）。每条跑道指定2名运动员。运动员在三条跑道上进行循环跑训练，每条跑道跑步2分钟，共6分钟。

在每个跑道上2分钟的训练中，运动员需要完成不同的任务。在50码（约45米）跑道上，每间隔5码（约4.5米）按照"Z"字型设置20个锥筒作为障碍物。并将两个3磅的实心球放在跑道起点处。而在30码（约27米）跑道上，并排设置两条跨栏跑路线，左侧为并排的10个12英寸（约11米）高栏架，栏架间隔为1码（约0.9米），共10码（约9米），其距离起点和终点各有10码（约9米）的距离；右侧为并排的12个小栏架，栏架间隔为2码（约1.8米），共24码（约

22 米），其距离起点和终点各有 3 码（约 2.7 米）的距离。20 码（约 18 米）赛道只有 4 个简单的锥形体画出边界，并在起点处放置 2 个 10 磅的药球。

执行动作

　　每条跑道各有 2 名运动员。每 2 分钟在听到口哨声后分别轮换到下一个赛道，直到完成 3 条跑道。计算 2 名运动员在不同跑道的 2 分钟内完成的不同任务的数量。

● 在 50 码（约 45 米）跑道上，两人一前一后进行往返障碍跑后，立即拿着实心球再进行障碍跑。

● 而在 30 码（约 27 米）跑道上，需要 2 名运动员跳过 10 个 12 英寸（约 30 厘米）的栏架后，紧接着跨越 12 个小栏架回到起点。

● 20 码（约 18 米）的跑道则只需要 2 名运动员在前后跟随的跑步过程中，分别用手和脚碰触 4 个锥筒，回到起点后两人再分别立刻滚动 10 磅的药球进行跑步。

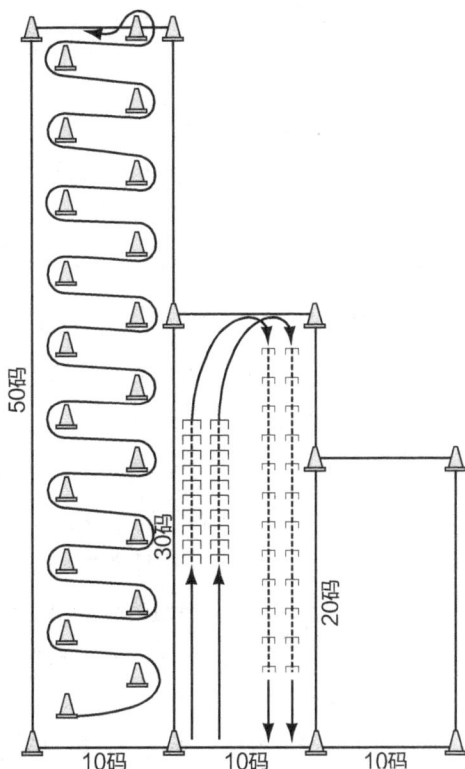

比赛

　　在总共连续 6 分钟的过程中，计算完成每个跑道的总次数，完成 50 码(约 45 米)跑道任务一次积 2 分，完成 30 码（约 27 米）跑道任务一次积 6 分，完成 20 码（约 18 厘米）跑道任务一次积 10 分。运动员可以将每次 6 分钟的训练中的分数加起来，自我评估每个阶段的进步程度。比赛也可设计成通过累积计算总分来判断队伍或个人的竞赛成绩。

练习 6.2

年长儿童的耐力训练

年龄范围

　　10 ～ 14 岁。

目的

提高运动员在未来比赛中的耐力素质。

益处

运动员在比赛过程中出现疲劳状态时，还能有较好的耐力来有效地完成技术动作。

设施

4 个锥筒、2 个 12 磅的药球、6 个低栏架、10 个 12 英寸（约 30 厘米）栏架、秒表和口哨。

设置

在草地或草皮上设置一个半径为 15 码（约 14 米）的圆形跑道，并在 4 个等分点放置锥筒。2 名运动员同时在圆圈中进行训练，其他运动员先进行其他训练。运动员每 3 分钟轮换进行该训练。

执行动作

将 2 名运动员安排在圆圈对侧的锥筒边，相距 30 码（约 27.5 米）。完成每个锥筒处的任务后，让运动员携带 12 磅的药球并跑向下一个锥筒。执行每个锥筒处的任务时，要求运动员直线跑到圆心处，再返回圆形跑道，然后进行逆时针跑。开始训练后，用秒表计时，完成 3 分钟跑后，吹哨结束训练。在每个锥筒处都要完成不同的任务。

第一个锥筒处要求运动员径直跑到圆心处，然后返回到外周锥筒，之后重复该过程（这是逆时针跑向下一锥筒前，唯一一个需要折返跑的训练）。完成后运动员需携带 12 磅药球逆时针跑向下一个锥筒（完成每个锥筒处的训练后都要执行该动作）。

第二个锥筒处要求运动员连续向前跳过 10 个间隔为 1 码（约 0.9 米）的 12 英寸（约 30 厘米）栏架，一直到圆心。然后运动员立刻侧向跳过每个栏架，并回到锥筒处。

第三个锥筒处要求运动员依次从 6 个低栏架上和下通过并进行往返跑，最终回到锥筒处。

第四个锥筒处要求运动员脸部向下的用四肢爬向圆心，在返回时需脸部向上并爬回锥筒处。

这个训练要求每名运动员手持药球在外周跑，并在 3 分钟内完成尽可能多的圈数。

比赛

记录运动员在 3 分钟内所能完成的圈数。每成功完成一圈积 5 分。运动员可以将所有 3 分钟训练的得分加起来，自我评估其训练进展情况。可通过两两对决或组队完成的总分进行排名。

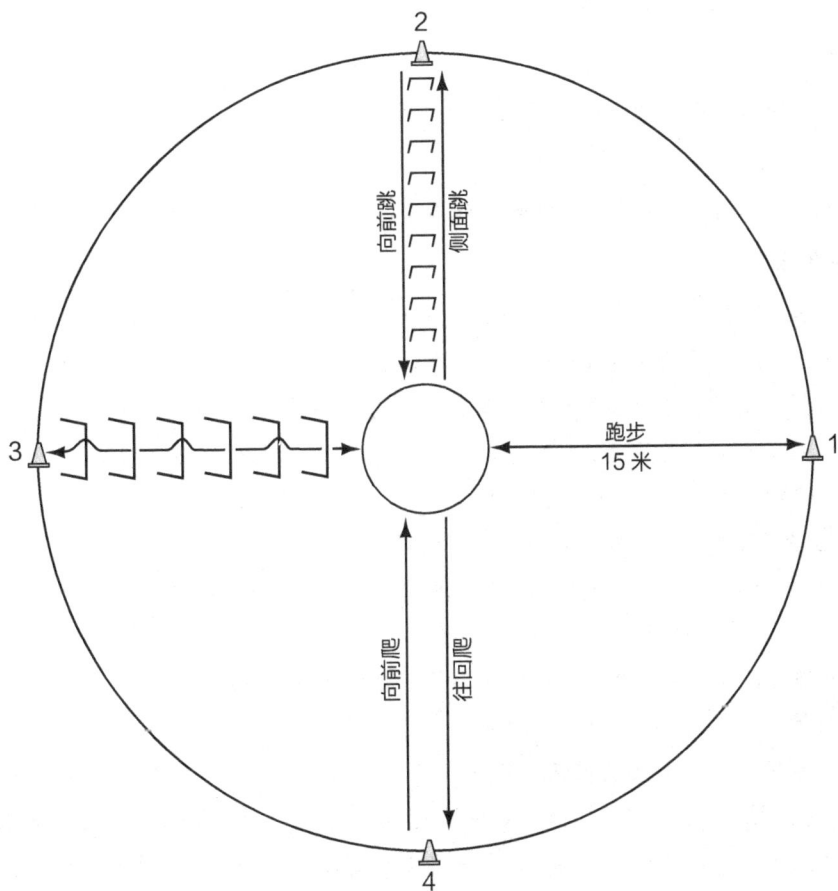

练习 6.3
场地跑

年龄范围

10 ～ 14 岁。

目的

通过非传统的训练方式提高耐力。

益处

通过混合经典的训练过程并对其进行更新和增加挑战性，提高运动员的耐力素质。

设施

6个锥筒、秒表和口哨。

设置

6名运动员绕400米跑道跑步。起点是跑道上传统的起跑线。

执行动作

6名运动员在跑道上进行逆时针跑。为每个运动员指定一个跑道。首先运动员分别在指定的跑道中同时起跑。计时时间分别为30、15、10、20、30秒，并在4分钟内重复以上训练时间的内容。第一个30秒为直线跑，15秒倒跑，10秒高抬腿跑（运动员在每一步中都尽量抬高膝关节），20秒面向跑道内圈的侧向跑；最后的30秒为面向跑道外圈的侧向跑。

运动员按照这个顺序跑4分钟，时间结束时，标志出他所在的跑道位置。每个运动员立即从跑道中心拿起一个锥形物并带着它到达最后一次跑步的终点。然后运动员进行60秒钟极限跑。结束哨声响起时，立刻停在原地，记录每名运动员的所跑过的总长度。并以此距离作为基础值来评估训练效果。

比赛

获得所记录的长度基础值，在5分钟训练的过程中每多跑20米即积1分；而无法完成基础值时则需扣分，即每相差20米扣1分。注意，每个人的最佳成绩作为将来训练和比赛的基础值。可将整个训练周期或连续的训练周期中的运动员积分记录下来，并与以前的周期进行对比，或者与其他运动员进行对比。

练习6.4

场地上下跑

年龄范围

10 ～ 14 岁。

目的

提高运动员整体的耐力素质和能力。

益处

在这个阶段，运动员可以通过训练来全面提高全身的耐力素质，而不只是身体的某一部分。需要注意的是，这部分耐力的进阶训练，运动员掌握起来比较难。因此我们建议你先进行分解训练，之后再完整执行该训练。

设施

一组相邻的看台、12 个 12 英寸（约 30 厘米）高栏架、2 英尺（约 0.6 米）高栏架、秒表和口哨。

设置

运动员在 400 米跑道（或其他固定周长的跑道）进行逆时针跑步。起点是跑道上传统的起跑线。每名运动员出发时间相差 30 秒。

执行动作

每名运动员都先完成两圈 400 米跑。在第三圈，运动员先在看台上逐个台阶向上跑，然后再跑下来。之后在跑道 100 米起点处开始连续跨栏跑〔12 个 12 英寸（约 30 厘米）高〕。然后在跑道 200 米起点处的长凳上进行快速交换跳 25 次（开始姿势为左腿在长凳上，右腿在地面，左腿尽力做蹬伸，身体在空中时交换双腿姿势，后左腿着地，而右腿落于长凳上）。重复该交换跳总计 25 次。运动员接下来进行 100 米跑，在锥筒区域进行 25 次俯卧撑。第四圈的训练与第三圈相似，只是开始阶段的台阶跑有所差别。此时上台阶变为两阶一步，然后再完成与第三圈相同的其他训练。第五圈也是如此，只是上台阶时变为

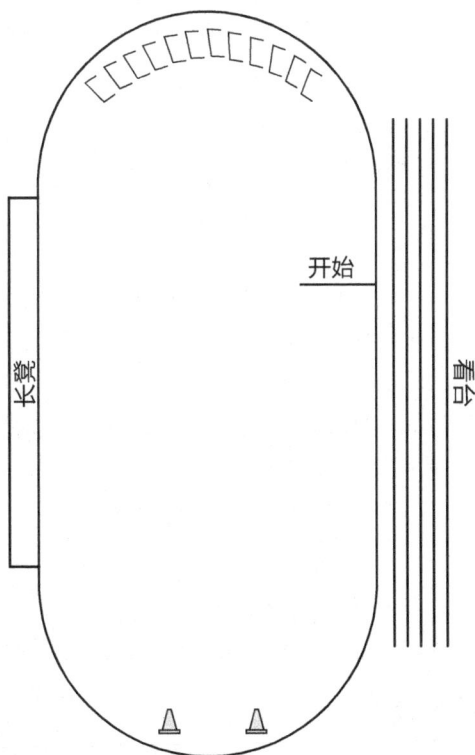

三阶一步。而最后的第六圈只进行单纯的 400 米跑，无需完成其他训练。

比赛

记录完成所有 6 圈跑步所用的时间。运动员在这个训练阶段每次练习都需不断挑战自己，缩短所用时间。

练习 6.5
场地内外跑

年龄范围

12 ～ 14 岁。

目的

提高运动员的整体耐力。

益处

通过打破传统的单调训练模式，将不同模式和难度的训练动作组合起来。请注意，这部分耐力的进阶训练运动员掌握起来比较难。因此我们建议你先进行分解训练，之后再完整执行该训练。

设施

23 个锥筒（11 个橙色、12 个黄色）、秒表和口哨。

设置

训练安排在有 400 米周长的跑道（或其他 400 周长的区域）且场中有橄榄球场或足球场地的地方。运动员先在跑道上逆时针跑步。每名运动员从跑道上标记的起跑线处开始跑步。间隔 30 秒出发一人。将橙色锥筒放在橄榄球场或足球场中，摆放在一个球门区的端线，同一球门区的球门线、距离球门区 25 米线、50 米线、75 米线以及对面的球门线。而黄色锥筒则摆在球门区的球门线，上半区的 10 米左边线点、20 米中线点、30 米左边线点、40 米中线点、50 米左边线点、50 米中线点，下半区的 40 米右边线点、30 米中线点、20 米的右边线点、10 米的中线点，以及右边球门线。在毗连跑道的小山丘上，由左向右放置 5 个锥筒，其间隔为 5 米。如果没有小山，可将锥筒放在看台上。

执行动作

运动员先进行一圈 400 米跑。然后立即（不休息）进入跑道中央的橄榄球场

（a）。在设置的 110 米赛道进行冲刺跑，慢跑回球门区线后立刻进行 100 米冲刺跑；同样慢跑回球门区线后，按照 25 米、75 米、50 米和 25 米的顺序进行冲刺跑，冲刺跑后慢跑回球门区线。然后立刻绕跑道进行 400 米跑，后紧接着在小山包上的 5 个锥筒间进行障碍跑 5 次，然后再进行一次 400 米跑。完成此圈 400 米跑后，立刻进入（不休息）橄榄球场的球门区并在所设置的障碍跑道上开始冲刺，冲刺跑时要触碰每一个黄色锥筒（b）。完成后进入（不休息）橄榄球场再进行一圈 400 米跑，最终完成训练。

比赛

记录运动员完成训练课程的时间。运动员可进行自我评估并在每次训练课中都要尽量缩短完成时间。

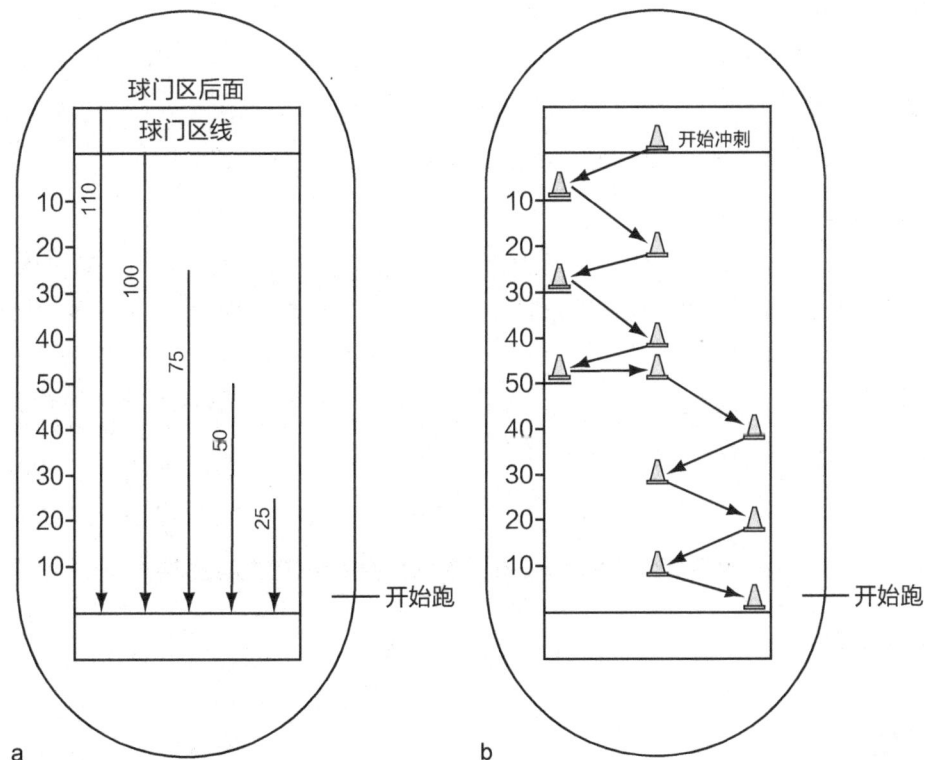

a

b

练习 6.6
水中跑步

年龄范围

8 ～ 14 岁。

目的

提高运动员整体耐力素质。

益处

让运动员在比赛接近尾声时或比赛中出现疲劳的状况下，能够有足够的耐力来有效地完成专项技术。

设施

泳池，每个运动员一个救生衣。

设置

在会游泳的成年人的监管下，让运动员进入泳池的深水区。

执行动作

运动员在深水区进行水中跑步练习（详见本章第78页的提示）。运动员应在每次训练中都尝试增加无间歇跑的时间。在第一次训练课中，可安排6次水中跑训练，间歇时间为60秒。在后面的训练中逐渐增加训练间歇次数。可通过调整运动员水中每组连续跑的时间（10分钟、15分钟、20分钟）或训练间歇时间（15秒、30秒、45秒和60秒）来提高训练课的难度。

练习 6.7
终极飞盘

年龄范围

8 ～ 14 岁。

目的

提高运动员整体耐力素质。

益处

让运动员在比赛接近尾声时或比赛中出现疲劳的状况下，能够有足够的耐力来有效地完成专项技术。本训练中包括各种连续的跑动，包括前进跑和后退跑、变向跑、起动和停止。

设施

飞盘（Frisbee）、每个运动员一个训练背心（需有两个颜色来分别组队）。

设置

根据参训的人数，可安排在 30×15 码（约 27×14 米）或 70×40 码（约 64×36 米）的场地上进行训练。

执行动作

训练可以用小组（3 on 3）或大组（7 on 7）的形式进行。3 on 3 训练应在 30×15 码（约 27×14 米）的场地上进行，7 on 7 训练在 70×40 码（约 64×36 米）的场地上进行。目标是得分，方法是在球门区拿到飞盘。所有运动员都要参与并且分成进攻组和防守组；但他们在场上没有指定的位置。飞盘可以朝任意方向移动并且训练是连续的。但当攻方将飞盘抛出边线、犯规、被守方拦截和得分后，则交换攻防权。交换攻防权后，防守方立即变为进攻方，并在飞盘掉落、出线或得分的地方开始训练。拿到飞盘的队员只能移动两步，并可将飞盘抛给队友。训练时间可以任意安排，但我们推荐进行每节 7 分钟，共两节的时长的训练。训练的目标是让每个人保持移动，所以将人员分为人数相同的两个组，并可让他们在不同的区域同时进行训练。

练习 6.8

棒球耐力训练

专项
练习

年龄范围

10 ～ 14 岁。

目的

提高运动员整体耐力素质。

益处

很多年轻的棒球运动员由于训练时间有限和需优先发展棒球技术，而无法花很多时间来提高耐力素质。这个训练重点发展运动员的耐力并练习基本的棒球技能。我们的目标是让所有运动员动起来，包括防守空中球和地滚球、快速移动到球旁、开始投球、接球后侧身投球和喂球给队友、精确地投出长短球。

设施

每名运动员配备一个棒球手套、网球、两个长宽18英寸（约46厘米）的棒球反弹网（张力设定为能够将球反弹回击球的人）、4个锥筒或锥筒、粉笔。

设置

在大约60码（约54米）长和30码（约27米）宽的场地上，将两个棒球反弹网放置在场地底线区用锥筒或锥筒标记出的区域，并用粉笔在场地中央和距反弹网10码（约9米）的位置画出三条与中线平行的线。还要标记出整个长度的球门线（参见图示）。

执行动作

和足球规则相似，每队9人进行训练。将网球直接抛至反弹网上即得分。而通过击地后碰触反弹网则不得分。将球直接击打在靶心得3分，此外得1分。

进攻方在得分区（与中线平行的20码（约18米）线之间的区域）持球进攻时，只能传地滚球给队友。运动员接到球后，在传球或射门前只能移动4步。进入"非进攻区"（距离底线10码（约9米）距离的区域）时不能击球得分（详见图）。然而，规则允许一名进攻运动员在底线位置发球。由于这个队员必须径直通过"非进攻区"，回到得分区（位于场地中央长度为40码（约36米）的区域），所以防守队员不能对其返回进行拖延。而其他进攻方队员不能在发球队员回到得分区前，进入长度为10码（约9米）的"非进攻区"。

进攻方队员间可以在底线前的10码（约9米）区域内空中传接球；并在球从进攻区发出后至少要成功地传接一次地滚球，才能允许进攻并得分。唯一的例外是球从反弹网后方传出时，可以在空中传接球并击球得分。

而防守方队员则尝试在空中或地面截击网球，并且可通过空中传球推进到进

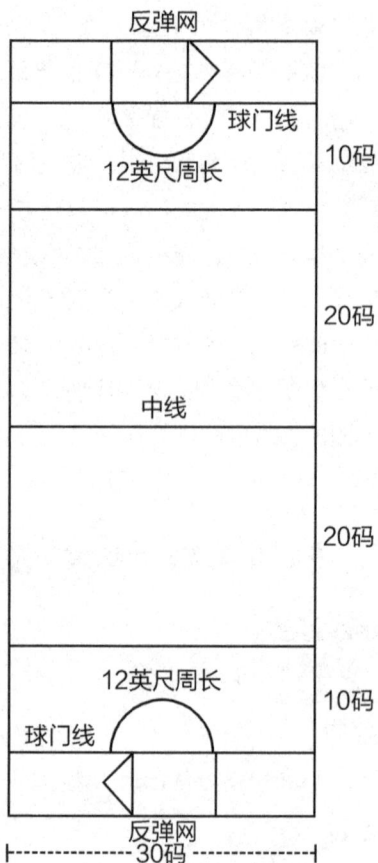

反弹网
球门线
12英尺周长
10码
20码
中线
20码
12英尺周长
10码
球门线
反弹网
30码

攻方一侧的场地。但防守方不允许有守门员。并且在用粉笔画出的 12 英尺（约 3.6 米）周长的指定区域，任何防守队员不可进入。球队断球后，可将球从空中扔出其防守区域。记住，每个队员在传球或射门前，接到球后只能移动 4 步。

但当攻方将网球抛出边线、被守方拦截和得分后，则交换攻防权。双方在球权出现争议时，则暂停比赛，并将球交给防守方。之后从发生争议的地点重新开球。比赛最少进行 14 分钟，并在 7 分钟时交换场地。

练习 6.9
橄榄球耐力训练

年龄范围

10 ～ 14 岁。

目的

提高运动员整体耐力素质。

益处

由于橄榄球会发生很多身体接触，因此需穿戴很重的护具。这会使身体过热和出汗过多，直接导致在比赛结束前很多运动员出现极度疲劳的症状。可以通过这个训练来加强运动员在疲劳状态下的竞技表现。而且这个训练鼓励有激情的孩子观看、观察和模仿国家橄榄球联盟运动员的动作。

设施

10 ～ 12 岁儿童需要中等大小橄榄球，13 全 14 岁儿童使用较大尺寸橄榄球，秒表和 12 个锥筒。可选设施还包括 Sony PSP 视频游戏机和 EA 的 NFL Street 3 游戏。

设置

在 25×15 码（约 23×14 米）的场地上，用 4 个锥筒摆放出一个球门区。本训练只需一个球门区。用其他 8 个锥筒摆出每条边线，而锥筒之间距离为 5 码（约 4.5 米）。

执行动作

这部分训练要求运动员将 NFL Street 游戏比赛中的技巧应用到训练场地。并通过风格技巧来得分，例如使用单手接球和背后拿球。

每队 3 人进行比赛，通过在场地和球门区中尽可能多地使用不同技巧来进行攻防。按照 NFL Street 游戏中的得分规则来计算积分并决出胜者。

在每队的 3 个人中，当四分卫和两个外接手开始进攻时，有 2 名后卫进行防守。另一名防守队员则需在掌机上玩游戏。队伍的得分情况由进攻方触地得分或防守方所能执行的技巧来决定。玩家可以选择完成不同的技巧来得分，而在球门区所完成的技巧得分要高于其他场地上的得分。风格得分也可以算入总分中。例如，队友背后传球后，在球门区飞身接球并触地得分。风格得分计算方式如下表所示。

	场地上	球门区
两腿间接球 (a)	30 000	50 000
背后拿球 (b)	20 000	30 000
两腿间抛球 (c)	20 000	30 000
背后抛球	10 000	20 000
单手接球 (d)	10 000	20 000
腿间 8 字跑	5 000	
飞身接球 (e)	1 000	2 000
成功传球给队友	1 000	2 000
一只手护球 (f)	1 000	2 000
触地	1 000	

耐力素质和训练在这个比赛中十分重要，因为运动员需要进行 5 节比赛，每节 4 分钟，中途无间歇。每节比赛中前 2 分钟由一方进攻，后 2 分钟由另一方进攻。在这 2 分钟时间内，球不能交给防守方。触地得分、拦截、漏球后立刻死球，并立刻回到 20 米线重新开始。

第 7 章

增强力量

运动员需要通过力量练习来提高他们的身体力量和爆发力。不同的体育运动利用力量的方式也是不同的。棒球运动中投手需要力量把球扔得更快、更远，击球手需要力量来实现更高的挥棒速度。足球运动员需要力量来争抢位置，防止对手把球抢走，需要力量来提高摆腿速度，把球踢得更快、更远。冰球运动员需要力量来抢夺对手的球，提高滑动的爆发力、加速、保持最高速度，并用最高的速度击球射门。

运动员进入青春期后，在某些运动中力量会变成一个较大的影响因素。例如在棒球训练中，刚开始练习击打技术时，与能够打到球相比，挥棒速度就显得不是太重要。运动员熟练地掌握了挥棒击球技术（12 ～ 14 岁时）并且击球的感觉也提高后，才应该提高运动员挥棒的力量和速度。橄榄球训练中，运动员在 8 ～ 13 岁时，更应该注重提高他们的基本阻拦和拦截技术，之后在需要参加更高级别的比赛时，我们才会考虑提高运动员的力量。

少年儿童通过参加各种活动和体育运动，他们的功能性力量会自然增长。运动员在 8 ～ 12 岁这个年龄段时，本书中所谈论的其他任何素质都比力量提高得快。这主要是因为，青春发育初期力量增长的速度比青春期结束时要低很多。这不意味着在这个年龄段就应该不进行力量训练，而是制定的训练方式要不同于其他年龄段的运动员。

不幸的是，一提到力量训练，很多人会很自然地把它和负重训练联系到一起。因为处于青春发育期前的运动员进行负重训练是不会让他们的力量有所提高的，对 8 ～ 12 岁这个年龄组的儿童进行力量训练时，不要使用任何有重量的器械，我们应该善待这个年龄段的孩子，因为力量训练对大多数儿童来说都不是什么有趣的活动，提高趣味性、激发孩子的兴趣是这个阶段发展的主要方面。另一个避免负重力量训练的原因是出现伤害的几率会增加，因为他们的骨骼和肌肉系统还

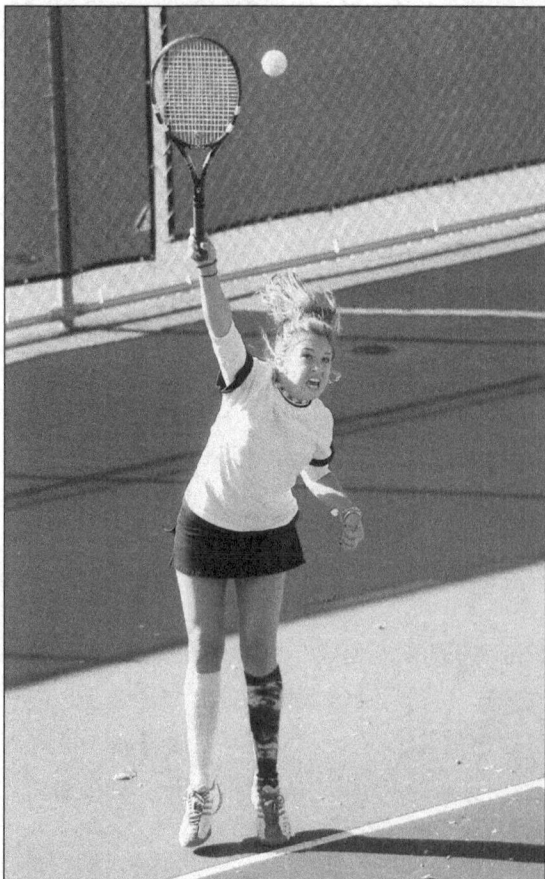

运动员的身体发育成熟且熟练掌握其运动专项技能的各种基本技术后，才应开始关注力量和爆发力。

没有发育成熟。

对于 8 ～ 12 岁的运动员，我们应该注重通过正确的技术来完成一些简单的练习，并以此来促进力量的自然增长。大多数此类力量训练都在游戏中进行。孩子可以通过游戏或者比赛来提高力量。在可能的情况下，把有趣的力量训练比赛和练习融合到其他形式的训练和游戏中（例如本章最后提到的力量障碍跑道）。多做一些轻松愉快的练习，进行多样化的训练，就能对这一阶段的少年进行体能训练。

孩子进入青春发育期时（12 岁或 12 岁之后），青少年的训练计划中就会加入负重训练。在 12 岁之后，运动员就应该慢慢习惯使用自由重量器械。但要记住，如果运动员没有正确的训练动机和合理的技术，这样的负重训练是有害的。确保运动员在刚开始负重训练时，要把注意力集中在正确的技术上，并在增加负荷前要做好安全预防措施。力量训练应该提高运动员其他素质的训练（敏捷性、平衡能力、协调性、柔韧性、速度和耐力），而不是用来增加运动员的块头，也不是提高运动员的卧推和深蹲个人最好成绩。否则就会导致运动员关注他们的块头有多大或者他们能成为什么样，而不是让自己成为运动员并提高其运动技能。力量训练也应补充不断变化的具有创造性的游戏，使运动员对力量训练保持新鲜感。力量训练需要特定的技术，这对成功非常重要，我们推荐读者参考大卫桑德勒（David Sandler）的《力量训练基础》（*Weight Training Fundamentals*）一书。

以下训练通过不同的肌群来完成，不用把注意力集中在身体的某一个特定区域。我们相信，对于这个年龄组的运动员来说，这是发展不同项目运动员竞技能力最好的方法。这章中的每一个训练或比赛在提高身体运动的效率和爆发力中都扮演着十分重要的角色。

练习 7.1
向前和向后爬

年龄范围

8 ～ 14 岁。

目的

提高上肢、肩部、下肢和核心力量（腹肌、侧腹肌、下背部）。

益处

通过此项练习，运动员可以提高上肢、下肢和核心区域的力量，这些力量对于大多数集体项目都十分重要，如棒球、篮球、足球、冰球和长曲棍球。

设施

4 个锥筒。

设置

在第一个场地上放置 2 个锥筒，2 个锥筒间的距离是 7 码（约 6 米）；在第二个场地上将 4 个锥筒摆放成边长为 5 码（约 4.5 米）的正方形。

执行动作

这是一种增强式的俯卧撑练习。有 4 种阶段，此项练习的年龄范围缩小到 11 ～ 14 岁。每个阶段的练习都包括了向前和向后爬。向前爬时（a），运动员面部朝下，双手放在地上，用手臂把整个身体向前方移动。同时运动员用脚趾支撑，两脚交替迈步向前移动。在爬行过程中，只有手和脚接触地面。

向后爬时（b），运动员把双手放在地上，面部朝上，后背朝向地面。向后移动时，运动员除了手和脚，身体的其他部分都要抬离地面。通过手脚交替向后移动使身体向后方移动。

阶段 1

　　在草地或草场或庭院中放置 2 个锥筒，2 个锥筒间的距离是 7 码（约 6 米）。运动员在锥筒后做向前爬动，爬向 7 码（约 6 米）外的锥筒。运动员爬到第二个锥筒后，整个身体都要爬过锥筒，之后变化成向后爬的姿势。运动员用向后爬动的姿势爬回 7 码（约 6 米）外起点处的锥筒。

比赛

　　记录每个运动员爬过去和爬回来的总时间，时间最少者胜出。

阶段 2

足球场的门线作为起点，让运动员尽可能地往远爬，直到除手脚之外身体其他部分碰到地面。

比赛

记录运动员爬行的距离，爬行距离最远者胜出。

阶段 3

用 4 个锥筒在操场上摆成菱形，每两个相邻锥筒间的距离是 5 码（约 4.5 米）（如图所示）。运动员向前爬动从 A 爬到 B（约 5 码远），围着 B 锥筒绕一个圈，之后变为向后爬，爬向 C 锥筒；绕 C 锥筒爬行一圈后，变为向前爬，爬向 D 锥筒；绕 D 锥筒一圈后，变为向后爬，爬回 A 锥筒。

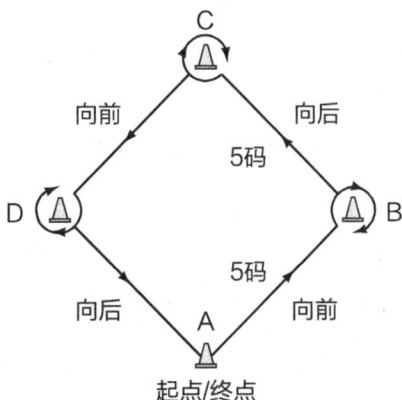

比赛

记录运动员除手脚之外身体其他部分触地之前，他们在场地中爬了多少圈。每成功完成一整圈得 4 分；在没有完成整圈的情况下，每爬到一个锥筒得 1 分。

阶段 4

对于 11 ～ 12 岁的运动员，要增减练习的难度，要求每个运动员在围绕每个锥筒转圈之后，做 10 个俯卧撑。

比赛

记录运动员除手脚之外身体其他部分触地之前，爬行了多少圈。每成功完成一整圈，得 4 分；在未能爬完一整圈的情况下，每爬到一个锥筒得 1 分；每完成一个俯卧撑，得 0.5 分。

练习 7.2
健身弹力带

年龄范围

8 ～ 14 岁。

目的

提高全身力量。

益处

这是一种全身力量练习，可以提高肩部、上肢、下肢和核心区域的力量。

设施

弹力带（在开始时应使用阻力较小的弹力带，随着时间的推移，10～14岁的运动员应该把弹力带的阻力提高到中等水平）。

设置

室内或室外较为平坦的地面，练习的地方要有一颗树或一根杆子。

执行动作

这项训练由7种不同的练习组成，每个练习可提高不同的肌群。确保运动员在训练时，相应的肌肉要正确地发力。

肩部训练

运动员找到弹力带的中点，把弹力带放到地上，用双脚踩住弹力带的中点。双手握住两端的把手，双臂抬起与肩同高，掌心向外，双手略比肩宽，膝盖稍稍弯曲，将身体的重量平均分布到双脚上（a）。后背挺直，双眼目视前方。运动员在做此项练习时，双手同时向肩膀的正上方推，直到肘关节接近伸直（b）。运动员保持1秒钟，之后手慢慢地回到初始位置，重复10次。在进行下一组练习前休息90秒。

运动员能够完成3组练习后，才可以进阶到下一个难度级别的练习。

三角肌

　　运动员找到弹力带的中点，把弹力带放到地上，用双脚踩住弹力带的中点。运动员将弹力带的把手放在双手的手指上，把双手放在脖子的后面，双肘贴住两侧的耳朵，肘关节指向前方，后背挺直，双眼目视前方，双脚并拢，膝盖稍稍弯曲（a）。运动员在做此项练习时，双手同时向头部的正上方将弹力带拉起，直到肘关节接近伸直（b），保持 1 秒，双手缓慢的回到起始位置。每一组做 10 次，休息 90 秒之后，再开始下一组的练习。运动员能够完成 3 组练习后，才可以进阶到下一个难度级别的练习。

二头肌

　　运动员找到弹力带的中点，把弹力带放到地上，用双脚踩住弹力带的中点。双手握住弹力带的把手，掌心向后，双手放在髋部两侧，肘关节伸直，膝盖稍稍弯曲，将身体的重量平均分布到双脚上（a）。背部挺直，双眼直视前方。运动员在做此项练习时，双手握住弹力带，双臂同时直臂上抬，不要屈肘，直到双手与肩同高（b），保持 1 秒之后，双手缓慢下降，回到起始位置。每

一组做 10 次，休息 90 秒后，进行下一组共 10 次的练习。运动员能够完成 3 组练习后，才可以进阶到下一个难度级别的练习。

前臂和肩膀顶部

运动员找到弹力带的中点，把弹力带放到地上，用双脚踩住弹力带的中点。双手握住弹力带的把手，掌心向后，双手放在髋部两侧，肘关节伸直，膝盖稍稍弯曲，将身体的重量平均分布到双脚上（a）。背部挺直，双眼直视前方。运动员在做此项练习时，双手握住弹力带，双臂同时向前伸出并直臂上抬，不要屈肘，直到双手与胸同高（b）。保持 1 秒之后，双手缓慢下降，回到起始位置。每一组做 10 次，休息 90 秒后，进行下一组共 10 次的练习。运动员能够完成 3 组练习后，才可以进阶到下一个难度级别的练习。

胸部

运动员将弹力带绕过一根柱子或树，放到与胸部同高的位置。运动员握住弹力带的把手，掌心向前。背对柱子或树。运动员双臂外展，肘关节微屈，双手与胸同高，膝盖稍稍弯曲，将身体的重量平均分布到双脚上（a）。背部挺直，双眼目视前方。运动员在做此项练习时，双臂内收，使双手在胸前相交，在整个过程中，手臂始终伸直（b）。保持 1 秒之后，双手缓慢下降，回到起始位置。每一组做 10 次，休息 90 秒后，进行下一组练习。运动员能够完成 3 组练习之后，才可以进阶到下一个难度级别的练习。

臂膀和肩部

　　运动员将弹力带的中点绕过柱子或树，与胸同高，运动员背对柱子或树。双手握住弹力带的把手，掌心向下，双手与肩同宽，放在胸部两侧，肘关节微屈，膝盖稍稍弯曲，将身体的重量平均分布到双脚上（a）。背部挺直，双眼目视前方。运动员在做此项练习时，双手交替向前推（b）。每一组做 10 次，休息 90 秒后，进行下一组练习。运动员能够完成 3 组练习后，才可以进阶到下一个难度级别的练习。

腿部肌肉和屈髋肌群

运动员将弹力带的中点绕过柱子或树，与膝同高，运动员背对柱子或树。运动员将脚放进弹力带两端的把手，双脚脚尖朝向正前方（a）。双脚开立与肩同宽，将重量放在没有前拉的脚上，后背挺直，双眼目视前方。运动员在做此项练习时，一条腿向前伸，直到膝盖完全伸直（b）。运动员保持1秒钟，然后脚慢慢回到起始位置。运动员完成10次该动作后换脚。休息90秒后，再进行下一组练习。运动员能够完成3组练习后，才可以进阶到下一个难度级别的练习。

比赛

对于所有的练习，运动员可以记录每组中完成练习的次数（在每组10次的基础上，每多做一次得1分），也可以记录完成练习的总组数（在3组的基础上，每多完成一个10次一组的练习得10分）。

练习7.3
横向上身练习

年龄范围

10 ～ 14 岁。

目的

提高上肢、肩部和核心力量。

益处

这个练习可以提高上身的力量，可以提高以下项目运动员的爆发力：棒球（投球和击球）、篮球（抢篮板和防守）、橄榄球（阻拦、拦截、传球等）、冰球（射门、防守、阻截等）、长曲棍球（射门、传球、阻截、防守）、网球（发球、击球）以及高尔夫球（挥杆）。

设施

1 个 8 ～ 12 英尺（约 2.4 ～ 3.6 米）长、12 ～ 18 英寸（约 30 ～ 45 厘米）高的板凳。

设置

可以在篮球场或草地上进行该训练。

执行动作

这两个练习都需要运动员用类似于俯卧撑的姿势，肘关节不能弯曲，运动员由 8 ～ 12 英尺（约 2.4 ～ 3.6 米）的板凳的一侧移动到另一侧。

阶段 1

运动员将手放在板凳上，双手与肩同宽。保持肘关节伸直，近似于俯卧撑撑起的姿势，用双手和双脚侧向爬动。爬到板凳一侧边缘时，再向另一侧边缘爬动，直到他们的双手再也不能承受身体的重量时为止。

比赛

记录运动员在肘部没有弯曲的情况下爬过整个板凳的次数。爬完第一个来回得 1 分，爬完第二个来回得 2 分，爬完第三个来回得 3 分，依此类推。运动员可以自己记录完成的次数，来算出这个练习结束时自己得到的总分数（注意，这个练习运动员每周不能做两次以上。）

阶段 2

运动员将双手放在地上，双脚放在板凳上，双手双脚均与肩同宽。然后用手在地上横向移动，保持肘关节伸直，近似于俯卧撑撑起的姿势。运动员要用双手和双脚侧向爬动。爬到板凳一侧边缘时，再向另一侧边缘爬动。

比赛

记录运动员在肘部没有弯曲的情况下爬过整个板凳的次数。爬完第一个来回得 1 分，爬完第二个来回得 2 分，爬完第三个来回得 3 分，依此类推。运动员可以自己记录完成的次数，来算出这个练习结束时自己得到的分数（注意，这个练习运动员每周不能做两次以上。）

练习 7.4
菱形俯卧撑

年龄范围

12 ~ 14 岁。

目的

提高肱三头肌、肩部和核心力量。

益处

这个练习的强度很高，并且练习都集中于特定的肌肉群，能有效地提高运动员的力量和意志品质。

设施

无。

场地

可以在草地上、垫子或地毯上完成此项练习。

执行动作

这项练习是基于传统俯卧撑的变式，能更好地锻炼运动员的肱三头肌、肩部肌群、腹肌和下肢的后侧肌群。运动员首先将一只手放在脚前的地面上，俯身后将一只手放在头顶正前方大约五个手掌长度的位置。之后运动员把另一只手也放到这个位置，双手的拇指和食指组成一个菱形。运动员的髋部呈一个倒 V 形状（a）。运动员试着用鼻子去碰触双手中间菱形部分的地面，重复的次数越多越好（b）。这个练习难度较高，需要时间来掌握，应逐渐增加练习的次数。

🏅 **比赛**

记录运动员完成完整动作（用鼻子接触到地面）的次数，并要求运动员每次训练时能够完成的次数都要增加。

练习 7.5
板凳跳跃

年龄范围

8 ～ 14 岁。

目的

提高上肢、肩部、屈髋肌群和核心力量。

益处

这个练习可以加强肩部的力量，同时通过快速弹跳和肌肉的超等长收缩来发展屈髋肌群（臀部上外部的肌肉）的力量，这些是提高运动员速度素质的基础。

设施

一个 8 ～ 12 英尺（约 2.4 ～ 3.6 米）长、12 ～ 18 英寸（约 30 ～ 45 厘米）高的板凳。

场地

可以在草地、篮球场、田径场或任何地面平整的地方来完成此项练习。如果参加练习的运动员较多，可以让两个运动员在凳子的两端同时开始练习。

执行

每个运动员用双手扶住长凳的两边，手指握住长凳的边缘，将双脚放在长凳的同一侧。运动员由长凳的一侧跳向另一侧，跳 10 次。在跳跃的过程中，肘部伸直，膝关节在经过长凳上方时稍微弯曲。双脚落地后应迅速弹起跳向另一侧。完成第一组练习之后，休息 1 分钟，再进行下一组的练习，总共进行 4 ～ 5 组。经过不断的练习后，每组的练习次数应该增加到 20 次。

练习 7.6
投掷药球

年龄范围

8 ～ 14 岁。

目的

提高上肢、肩部、下肢和核心区域的力量。

益处

利用重量较轻的药球，可以提高运动员在扔、摆、旋转这些技术动作中的力量和爆发力。这是一个全身力量练习，可以提高上肢、肩部、下肢和核心区域的力量。

设施

每个运动员一个药球（8 ～ 11 岁的运动员用 1 ～ 2 磅重的药球，12 ～ 14 岁的运动员用 4 ～ 6 磅重的药球）。

场地

在草地上、足球上或橄榄球场都可以进行此项练习。

执行动作

共有 3 种投掷药球的方式，4 种难度等级的练习。

阶段 1

这个练习可以提高运动员的上背部、胸部、肱三头肌以及前臂的力量。运动员双手胸前持球，肘部向外指向身体的两侧与地面保持平行（a）。双手持球的后部，掌心朝向身体的前方。投掷药球时，运动员一只脚向前方迈出、双手从胸前将球推出，在整个过程中保持背部挺直（b）。

🎗 **比赛**

可用粉笔在地上画一条直线，让运动员站在线后扔球，记录落地点的长度。测量球的落地点与中心线的距离，并从总扔球距离中减去该距离。运动员记录自己的数值，在一个阶段的训练结束之后，看看自己进步的程度。

阶段 2

这个练习包括身体左右两侧的动作。通过此项练习可以提高棒球挥棒击球和网球挥拍击球的力量，也可以增强高尔夫球挥杆时转髋的能力。运动员持球时一只手在球上方另一只手在球的下方（a）。运动员做右侧扔球时，右手在球的上方，左手在球的下方持球（左侧扔球时相反），运动员的左侧指向前方设定的标记点（用锥筒或粉笔标记出来）。

扔球时，运动员左侧肩膀面向指定的标记点，伸出双臂，齐腰高，左脚向标记点的方向迈出一步，以后面脚部脚掌为轴转动臀部（右侧臀部转动，直到与标记点呈直角），胳膊稍微弯曲并跟随身体移动，胳膊与臀部平行时将球扔出（b）。扔球动作要有完成的后续动作，完成时应该左脚在前（身体重量在脚的外部），右脚完全转向目标（踵部提起，脚尖指向目标），臀部与目标呈直角。

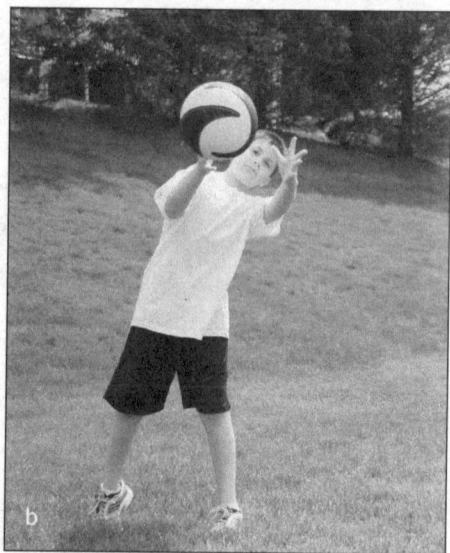

比赛

运动员将球扔出后，用粉笔在地上做出记号，测量出运动员扔球的远度。测量球的落地点与中心线的距离，并从总扔球距离中减去该距离。经过一段时间的训练之后，运动员可以跟自己之前的成绩对比，看成绩是否提高。

阶段 3

在此项练习中，球要经头顶上方向后方扔出。运动员双手抓住球的两侧，呈半蹲姿势，将球放在双腿中间（a）。运动员向上垂直跳起，后背挺直，头看向前方，同时双臂向后摆（稍微弯曲后背），并在球经过前额时松手将球扔出。运动员应该将球向自己的正后方扔出（b）。运动员将球扔得越远越好。强调运动员要将球向后面的远处扔，不应用力向上扔。为了避免运动员被球砸到，在抛出球之后，要求运动员立即向前方走，离开抛球的位置。

比赛

运动员将球扔出后，用粉笔在地上做出记号，测量出运动员扔球的距离。测量球的落地点与中心线的距离，并从总扔球距离中减去该距离。经过一段时间的训练之后，运动员可以跟自己之前的成绩对比，看成绩是否提高。

阶段 4

这个接力比赛可用于所有三种扔球技巧。运动员两两配对，分成两组。每对运动员人手一个 1 磅或 2 磅的药球。运动员 1 使用指定的技术扔球，运动员 2 站在他的旁边。最先扔出的球在地上停止后，运动员 2 必须开始跑动并扔球。运动员 2 扔球后，运动员 1 必须开始跑动并追逐运动员 2 所扔出的球。每对运动员完成所有三种扔球并要在球场中跑动。

练习 7.7
橄榄球力量训练

年龄范围

12 ～ 14 岁。

目的

提高腿部、髋部、核心区域的爆发力。

益处

此项练习能够模拟橄榄球比赛中的情况，例如躲避阻拦、躲避拦截，在干扰中持球跑动，以此来提高运动员的力量。

设施

一个橄榄球、6 个 6 英寸（约 15 厘米）高小栏架、6 个 12 英寸（约 30 厘米）高栏架、一个敏捷梯和一个可以调节重量的负重背心。我们建议在刚开始训练的时候，负重背心的重量为 5 磅或是更低，在经过一段时间训练之后，可提高到 10 磅。

设置

此项练习可以在室内或室外进行，必须要保证地面是平整的。首先设置一条起跑线，在距离起跑线 5 码（约 4.5 米）的地方摆放第一个 6 英寸（约 15 厘米）高小栏架，总共摆放 6 个，每个栏间的距离为 2 码（约 1.8 米）。在最后一个 6 英寸（约 15 厘米）栏架的左边距离 3 码（约 2.7 米）的地方放置一个敏捷梯。在敏捷梯左侧放置一列 12 英寸（约 30 厘米）的栏架，总共摆放 6 个，每个栏架间的距离为 2 码（约 1.8 米）（参见图示）。

执行动作

每个运动员带球从起点开始，向前跑 5 码（约 4.5 米），跑过连续的 6 个 6 英寸（约 15 厘米）高的栏架，之后横向跑过敏捷梯（运动员的身体要朝向起跑线的位置）。继续跑过连续的 6 个 12 英寸（约 30 厘米）高的小栏架，直至 5 码（约 4.5 米）外终点。在整个过程中，运动员都要持球跑动。

终点

5码

2码

3码

2码

5码

起点

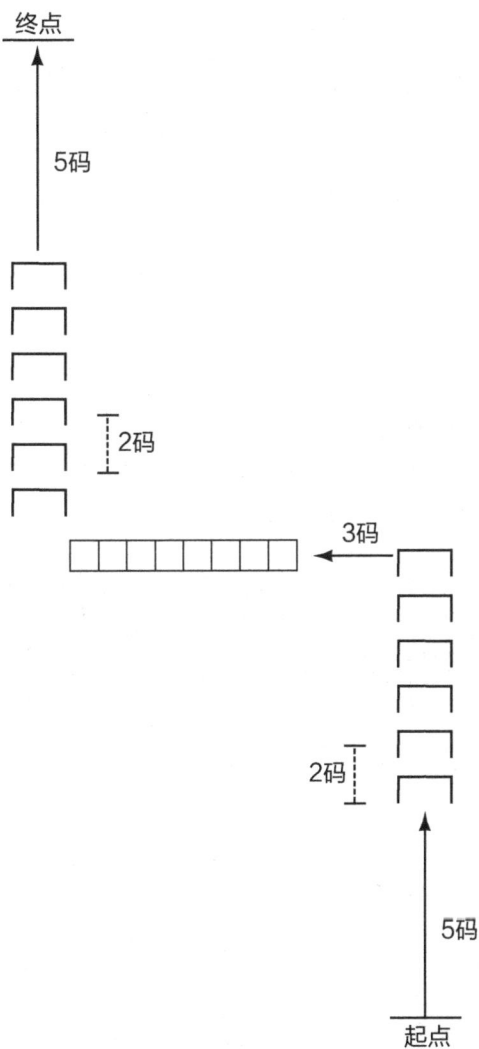

练习 7.8
篮球力量训练

年龄范围

10 ~ 14 岁。

目的

提高抢篮板时的力量和爆发力。

益处

此项练习可以提高在比赛时运动员抢篮板球的力量和技术。

设施

一个 2 ～ 4 磅的药球。

设置

在室内或室外的篮球场，或是相似的平坦地面。在场地的旁边需要一面至少 18 英尺（约 5.5 米）高的坚实墙壁。

执行动作

一名运动员将药球向墙上扔出，至少扔到 10 英尺（约 3 米）高的位置。运动员双臂上举，接住药球。接住球之后，双臂保持上举伸展 3 秒钟。然后运动员用胸前传球的方式将药球扔出，距离越远越好。

阶段

重复上述训练，但是要求运动员接住球后保持双臂上举伸展 3 秒钟，然后运动员从头顶上方向远离墙壁的方向扔球。

第8章

提升速度

在本书中，速度可以定义为运动员的跑动速率，以及他们对导致方向变化的信号做出反应的快慢。速度在竞技比赛中非常重要。在任何级别的棒球、篮球、网球以及很多其他运动中，如果运动员或者整个运动队的速度比对手更快，他们将在比赛中占有巨大的优势。运动员利用自身的速度达到最快的跑动速率，并尽可能长时间地保持这个速度，或是直到完成某一特定的任务为止。我们经常能够在比赛中见证到速度的重要性，例如，足球比赛的中场球员到前场追球，棒球运动员跑垒，篮球控卫向篮下突破，橄榄球的外接手在接到球后向底线冲刺。

上述的每一个情景都证实了速度的重要性，但是有趣的是，这些速度不能够用同一种方法来测量。速度在不同的项目中的应用是不同的，在相同的项目中，处于不同位置的运动员速度的应用也是不一样的。有的运动员需要在较短的距离内达到最高的速度，有的运动员需要在较长的距离内达到最高的速度，有的运动员需要在较长的时间内保持最高速度。有的运动员可能是从静止状态开始加速，有的运动员可能是从跑动状态开始加速，他们必须对外界的不同情况尽快做出反应。在比赛中，运动员并不仅仅是跑直线，更多的情况是快速地变向，这也涉及到了敏捷性（本书第9章将会介绍敏捷性）。所以，我们必须要针对运动中的各种情形进行速度练习。

速度可以用很多种方法测量。在本章中，我们主要介绍两种形式的速度：一种是跑动速度，或者是位移的速度；另一种是运动员对特定信号（例如声、光、触）的反应速度。我们首先要介绍怎样锻炼和提高年轻运动员的整体跑动速度和反应速度，之后我们会介绍如何在不同的运动中应用反应速度。

几乎所有的运动员，无论是本来跑得快或是跑得慢的，我们都可以通过训练来提高他们的速度，速度的提高会让运动员的运动能力得到全面的发展。想要提高运动员的速度，我们必须首先教会运动员正确的跑动技术。适当的跑动形式以及整体的运动效率对于运动员提高速度都是至关重要的。运动员掌握了正确的跑动技术，就会在比赛中拥有更多的体能和体力。

良好的速度可以使运动员超过他们的对手，能够对外界要求快速改变运动方向的信号迅速做出反应。

　　在跑动技术中最容易被忽视的一个基本因素就是上肢的动作。年轻运动员跑步的时候，经常是两只手臂胡乱摆动。观看一场篮球或足球比赛，你会看到年轻运动员跑动时，肘关节朝外，双臂左右摆动幅度很大。双臂不是呈放松状，而是像风车或是飞机的螺旋桨一样。但是在没有教他们正确的跑步技术之前，我们怎么能去责怪他们的跑步方式不对呢？

　　无论何时学习正确的跑步技术都不会太早，也不会太晚。我们要教会运动员正确的跑步技术，一旦掌握了这一技术，他们就能够减少能量的消耗，从而提高耐力。几乎所有的运动员都能够从纠正跑步姿势以及他们自己无法察觉的轻微缺陷中受益。本章中的每一个练习针对身体的某一个部分，我们通过这一系列的练习来提高运动员的速度。这样的目的是让每一块肌肉或是每一个肌肉群形成一种正确的运动感觉，之后再将所有的肌肉组合起来形成正确的技术。本章还包括几个单人项目，让运动员可以自己测试训练成果。

本书中的很多练习都可以提高运动员的速度。其中一些练习可以在介绍敏捷性、力量和耐力的章节中找到。例如第 9 章中的 30 码（约 27 米）变向跑练习，训练运动员在各种比赛中跑动或滑行时会用到的技能动作。记住，很多运动素质是相互联系的，不能脱离其他的素质来单一地提升某项素质，例如不能在不影响敏捷性、柔韧行、耐力和力量素质的情况下提升速度。

在学习正确地向前跑动的同时，掌握高效地向后跑或倒退跑也很重要。在许多的体育比赛中，运动员也需要倒退跑，向后跑的快慢也是影响比赛胜利还是失败的因素之一。练习正确的倒退跑技术时，同样要注意跑步姿势。最好的教学方法就是让运动员进行观察，可以是动态演示或者视频。与向前跑动不同的是，倒退跑时身体不能是直立的。如果运动员的身体是直立的，他们就会失去平衡，然后摔倒。正确的倒退跑的姿势是，腰部稍稍弯曲，双肩位于膝盖正上方，抬头向前看。

倒退跑的时候同样需要对外界信号做出快速反应并完成过渡，以在另一个方向执行动作。运动员经常要从倒退跑过渡到向前跑，来追逐对手或球。例如在足球比赛中，对方带球进攻时，防守者就需要倒退跑，首先必须判断对方的第一个动作并做出反应，将髋部转向正确的方向，并迅速过渡到跟紧对手的姿势，或者贴近对手夺回持球权。在长曲棍球和橄榄球的比赛中也有相似的情况。从倒退跑到向前跑的过渡至关重要，这是因为跟住对手的步伐或者重新获得持球权在比赛中都十分重要。因此这是很重要的，应该经常练习。这个例子很好地阐释了，速度和敏捷性结合起来，使得运动员在比赛中能够最高效地完成动作。这种类型的动作在体育比赛中很常见。虽然在不同的运动中倒退跑和过渡的技术不同，本章中的练习 8.2 介绍了很多基础的动作，此项练习能够使运动员更好地去完成其他的动作。无论在何种情况下，我们都应该让运动员形成正确的跑动技术，减少多余动作，提高运动员的位移速度。

比赛中会有频繁的启动、制动、变向以及迅速地摆脱对手的情况。运动员的速度经常被有意的击倒或无意的摔倒所打断。他们必须迅速地站起来回到比赛中去。年轻的运动员应该在没有优势的比赛中练习这些动作，形成正确的肌肉记忆，在参与正式比赛时能够充分发挥自己的速度。运动员应该多多练习运动变向，为参加比赛做好准备。本章中的练习和比赛为运动员提高跑动速度和反应速度提供了很好的基础。

练习 8.1
技术跑

年龄范围

8 ～ 14 岁。

目的

通过纠正运动员跑动技术中的问题来提高运动员的速度。

益处

没有正确的跑动技术，运动员就无法发挥出自己的所有潜力。正确的跑动技术可以消除运动员的多余动作，使其运动更加高效，在任何方向上的移动更加迅速。所有的项目都要求运动员具有正确的跑动技术。六个基本练习有助于运动员形成正确的跑动动作，包括上肢动作练习、高抬膝盖练习、踢臀跑练习、直腿跑练习、跨步跳、跨小栏架练习。这些练习都是循序渐进的。

设施

4 个锥筒和 10 个 30 厘米高的小栏架。

设置

在一片开阔的场地，用锥筒围成一个 30 码 × 30 码（约 27×27 米）的正方形场地。

执行动作

运动员在一对相隔 30 码（约 27 米）放好的锥筒之间站成一条直线。他们同时进行每个阶段练习，呈一排往前走，直到与下一组相隔 30 码（约 27 米）放好的锥筒成一条直线。到达第二组锥筒时，停止并等待，直到大家再次准备好返回到起始那一组锥筒。注意，行进时，队伍不要出现曲线。

阶段 1：上肢动作练习

运动员呈一排往前方 30 码（约 27 米）远处走，向前走的时候注意双臂在肘部弯曲 45 度。由肩部而不是肘部带动手臂前后摆动。摆臂时，肘关节要尽可能地靠近身体，双臂要前后摆动，不要出现左

右摆动。为了强化正确的动作，我们要求运动员想象在他们身体的正后方有一个目标，每次向后摆臂时肘部都要去击打那个目标。手臂向前摆动时，也应该向正前方摆动，手臂向前摆动时，手的高度不要超过鼻子。双臂摆动时不要在身体前方交叉。告诉运动员，只能从外侧眼角看见自己的手，向前直视永远不应该看到自己的手。手掌应该轻微握拳并放松，不要紧握或者伸直手指让手掌形成一个平面。这样可以防止上肢在摆动时变得僵硬，保证上肢良好的活动度。运动员向前走时，头部和上体保持直立，肩膀不要向前倾。这个练习要做 4 次。

阶段 2：高抬膝盖练习

掌握了正确的上肢动作之后，就可以将上肢动作和高抬膝盖动作结合起来进行练习。正常跑步是为了训练运动员推动身体向前，而这个练习是为了加大抬高膝盖的幅度。没有屈髋肌群（髋部上方和外侧的肌肉）产生力量，运动员就不能以最快的速度移动。高抬膝盖基本上是我们要求运动员训练的焦点，以训练和加强运动员向前跑动的步伐。要求运动员试着把膝盖抬到自己胸部的高度；这样有助于膝盖直接向上抬起。腿部折叠，腓肠肌贴近腘绳肌，大腿与地面平行。用前脚掌着地，这样就能够迅速蹬地并继续迈步。每一步的步幅应该短而缓慢地进行。上肢摆动得越快，腿部摆动得就越快。此项练习强调运动员多次重复地快速高抬膝盖。在完成 4 次 30 码（约 27 米）往返走之后，再让运动员做 4 次 30 码（约 27 米）高抬膝盖慢跑练习。提醒运动员缓慢地完成此项练习。我们要强调高抬膝盖，而不是看谁跑得快。

阶段 3：踢臀跑练习

这是另一个夸大动作幅度的练习，通过此项练习可以使腿在跑动中获得较大的活动范围。为了跑步时尽快地完成腿部动作，运动员就应该很好地锻炼腿部折叠动作。如果运动员的脚跟无法向高处抬起，就不可能跑得快。这一系列的练习将每个动作独立出来，重复练习，并强化这些动作，当运动员进行正确的跑步技术练习时，将这些独立的动作组合在一起，就能建立正确的肌肉记忆。即使运动员进行此项练习时脚跟无法碰到臀部，也无需太在意。此项练习的主要目的是让运动员的脚跟尽可能地抬高，以达到最大运动范围。

运动员要完成4次30码（约27米）踢臀跑练习。在跑动中为了能够更好地向前并抬起膝盖，运动员在脚跟抬向臀部时大腿要平行于地面。（这样似乎与高抬膝盖练习相互矛盾，但是需要明确的是，每一个练习对应的是跑动技术的某一方面。高抬膝盖练习的动作并不是实际的跑步动作。）

当运动员的脚跟碰到臀部后，就应该迅速地下摆蹬地，脚向后蹬地才能使身体向前移动。每次脚部接触到地面的时候，让运动员感到自己的脚尖向上勾起，这样能够激活小腿肌肉，通过地面的反作用力使身体向前移动。在每一步的时候勾起脚尖，以更快的速度将脚蹬离地面，从而提高跑步的速度。

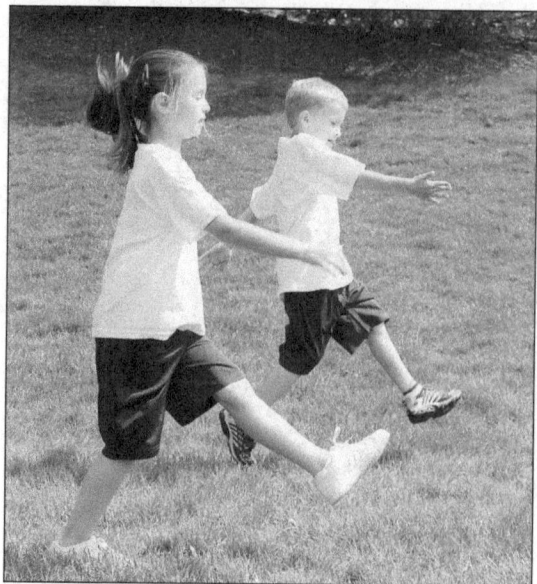

阶段4：直腿跑练习

这项练习加强蹬离地面的感觉，这是推动身体向前运动的基础。运动员沿直线向前走，腿部伸直，膝盖不能弯曲。他们将腿从髋部向前摆动，随后迅速下摆蹬地。提醒运动员脚尖向上抬起，这是为了让脚更迅速地蹬离地面；脚尖抬起是为了产生反作用力推动运动员向前移动。运动员应该首先进

行两次 30 码（约 27 米）走步
练习。掌握正确的技术之后，
让他们用相同的方式进行 4 次
30 码（约 27 米）慢跑练习。从
走步转换到慢跑练习，运动员
能够体会到每只脚更强的后推
力量。

阶段 5：跨步跳练习

　　这项练习能够加强身体向
前移动的爆发力。这项练习包
括了能够提高运动员跑步技术
的所有因素。我们发现的最有
效的教学方式，就是让运动员
想象他们连续不停地跳过水坑。
运动员的右膝向前抬起，左腿
蹬地向前跳起（脚尖向上抬起）。
运动员的右腿落地，并迅速蹬
地起跳（脚尖向上抬起），左
膝向前抬起。一直重复这两个
动作。

阶段 6：跨小栏架练习

　　按 3 米间隔摆放 6 到 10 个
30 厘米高的小栏架。让运动员
向前慢跑，右腿用踢臀跑的方
式跨过小栏架，左腿正常跑动。
右腿跨过所有的小栏架之后，
进行左腿跨小栏架的练习。随
后可以将小栏架间的距离缩短，
让运动员更快速地跨过小栏架。
重复 5 ～ 8 次。

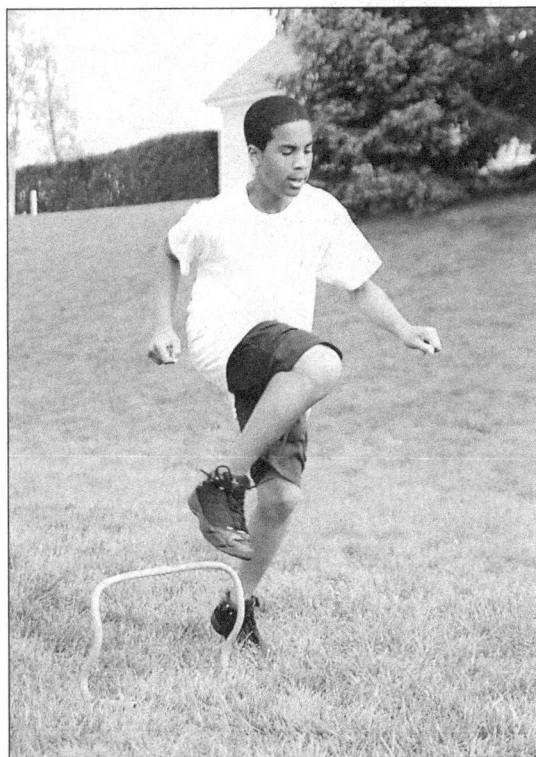

练习 8.2

倒退跑

年龄范围

8 ～ 14 岁。

目的

通过纠正跑动技术中的问题来提高倒退跑的速度。

益处

正确的跑动技术可以消除运动员的多余动作，能够使运动员的动作更为高效，可以提高运动员在任意方向的移动速度。在很多运动项目中，后退跑是一项基本的技能，但是不同的运动项目的向后跑的技术是不一样的。此项练习是一个通用的练习方法，或者可以理解为倒退跑的基础练习。

设施

4 个锥筒。

设置

用 4 个锥筒围成一个 30 码 ×30 码（约 27×27 米）的正方形。

执行动作

运动员在一对相隔 30 码（约 27 米）放好的锥筒之间站成一条直线，往返进行 4 组 30 码（约 27 米）倒退跑。跑动时步频要快，步幅要小，摆臂要快。摆臂的技术和向前跑动时的摆臂技术一样，只是在做此项练习时是倒退跑。运动员在练习时，不要低头，双眼要目视前方（有些运动员倒退跑时会低头看自己的脚）。腰部稍稍弯曲，双脚始终位于身体下方，步幅不要太长（保持运动员身体稳定，不会摔倒）；否则，过长的步幅会让身体出现不稳定的姿势，从而导致跑动速度减慢。注意，行进时呈一条直线。

练习 8.3

变向跑

年龄范围

8 ～ 14 岁。

目的

提高运动员在比赛中变向的速度。

益处

在体育比赛中，大部分的时间都用在改变运动方向上。此项练习首先是沿直线向前跑，然后变换角度跑向田径场或球馆中的某个位置。此项练习中改变方向的方式，运动员在篮球、足球、长曲棍球、橄榄球和网球中都会用到。

设施

6 个锥筒和一块秒表。

设置

摆放一个锥筒作为起点，把锥筒 A 放在起点正前方 10 码（约 9 米）远的地方。将锥筒 B 放在锥筒 A 右侧 10 码（约 9 米）远处，将锥筒 C 放在锥筒 A 左侧 10 码（约 9 米）远处。将其余的两个锥筒放在锥筒 A 前方一左一右 45 度角的 10 码（约 9 米）远处。

执行动作

共分为两个阶段。第一个着重练习利用正确的技术提高变向的速度。第二个着重练习反应速度，这是运动员在比赛中迅速改变运动方向的基础。

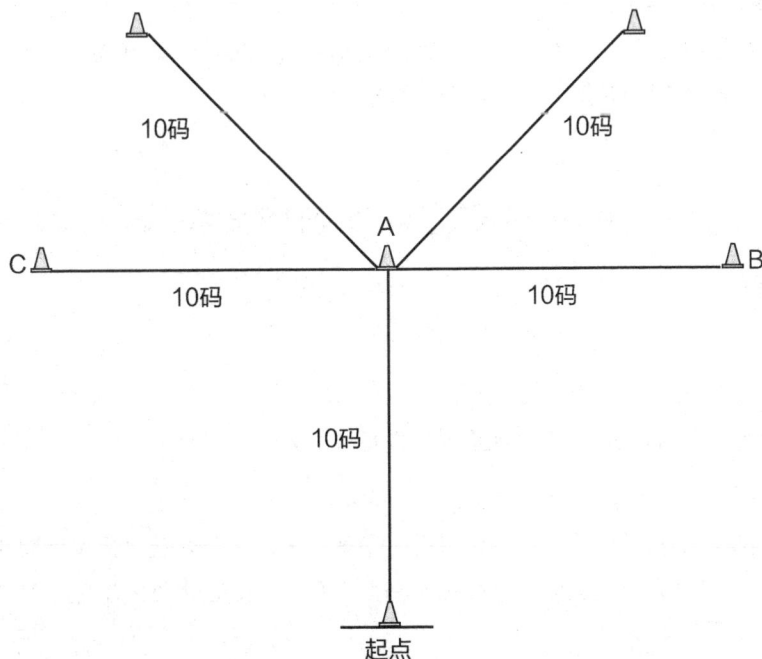

阶段 1

运动员由起点以中速跑向锥筒 A，左脚蹬地，以中速跑向锥筒 B。运动员向右侧变向跑时，都应用左脚蹬地；向左侧变向跑时，都应用右脚蹬地。运动员以中速跑向每个锥筒，直至每一次变向都能够用正确的脚去蹬地。为了在改变方向的时候不减速，需要注意的是，蹬地变向的一侧腿，髋部不应该屈曲，而是要伸髋、旋转。

比赛

运动员从起点开始以最快的速度跑向锥筒 A，随后迅速改变方向跑向另一个锥筒。记录运动员跑到每一个锥筒的时间，每名运动员有 3 次机会，记录其中的最好成绩。记录下运动员跑到每个锥筒的最好成绩之后，以后每次跑到一个锥筒的时间加快 1/4 秒就得 1 分。

阶段 2

此项练习增加了反应练习。运动员在比赛中会根据对手、球以及队友的情况来尽可能快地改变运动的方向。此项练习既包括移动的速度，也包括反应速度。一名同伴站在离锥筒 A 5 码（约 4.5 米）远的地方，当运动员全速跑到锥筒 A 时，这名同伴迅速地随机指向一个锥筒。运动员就要跑向同伴指向的锥筒。

比赛

记录运动员从起点跑向锥筒 A，再跑向同伴指向的锥筒。每名运动员有 3 次机会，记录其中的最好成绩。记录下运动员跑到每个锥筒的最好成绩之后，以后每次跑到一个锥筒的时间加快 1/4 秒就得 2 分。

练习 8.4

多方向冲刺

年龄范围

8 ～ 14 岁。

目的

提高运动员由侧向运动到向前运动的变向速度。

益处

许多孩子没有机会体会在追逐对手、足球或者冰球时，从侧向移动转化为向前的冲刺。这种形式的运动在竞技比赛中很常见，但是在训练中却经常被忽视。

运动员能够更高效地完成从侧向移动到向前冲刺的转化，他们就会在比赛中表现得更好。

设施

9 个锥筒。

设置

用 8 个锥筒围成一个半径为 5 码（约 4.5 米）的圆形，将锥筒 A 放在圆心的位置。将两个锥筒放在 A 的两侧，3 个锥筒呈 180°（图中 B 和 F 的位置），锥筒 C 放在 45°角的位置，锥筒 D 放在 90°角的位置，锥筒 E 放在 135°角的位置，锥筒 G 放在 225°角的位置，锥筒 H 放在 270°角的位置，锥筒 I 放在 315°角的位置。

执行动作

运动员执行前向、侧向和后向 3 个阶段。

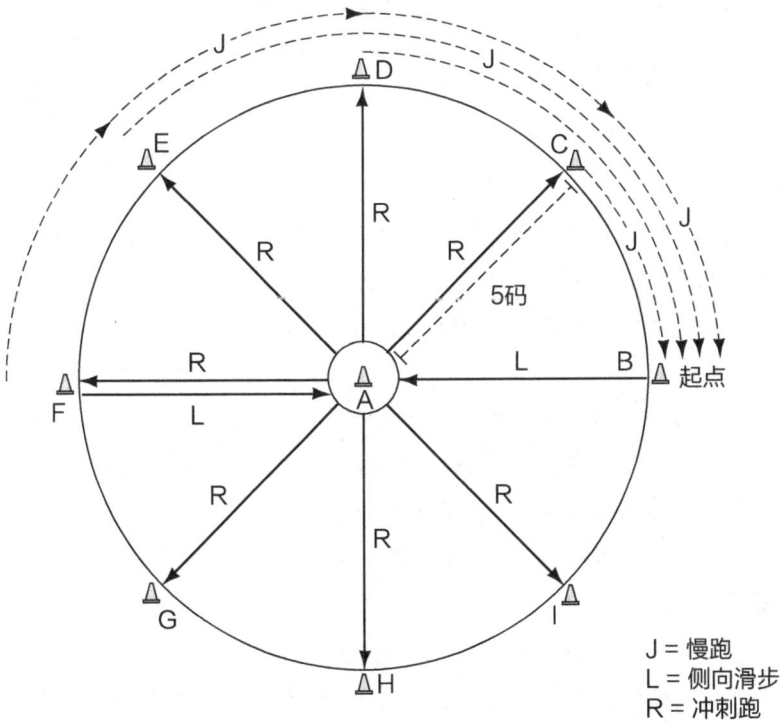

J = 慢跑
L = 侧向滑步
R = 冲刺跑

阶段 1

这项练习主要是加强从侧向跑到不同方向冲刺跑的转换。运动员要面对圆形场地的上半部分，面朝锥筒 C、D、E 的方位。练习从一组 3 个锥筒开始：运动员从锥筒 B 开始，侧向滑步到锥筒 A，随后立即变为冲刺跑，跑向锥筒 C。运动员顺时针从锥筒 C 慢跑回到锥筒 B，开始下一组练习，侧向滑步到锥筒 A，然后立即变为冲刺跑，跑向锥筒 D。冲刺跑的锥筒是按逆时针的顺序依次进行的，之后顺时针跑回起点 B，进行下一组练习。

当完成了圆圈上每个锥筒的侧向变冲刺跑，就让运动员以锥筒 F 为起点，继续进行练习。运动员从左向右，由锥筒 F 侧向跑到锥筒 A，随后立即变为冲刺跑，跑向锥筒 C。跑到锥筒 C 后逆时针慢跑回到起点。依次完成圆圈上的每一个锥筒的冲刺。

比赛

记录每一次从起点开始到最后冲刺结束的时间（例如，从起点 B 开始，侧向跑到 A，之后冲刺跑向锥筒 C）。总共要完成 8 次从锥筒 B 开始的练习，8 次从锥筒 F 开始的练习。把完成每一次练习的时间相加，得到一个总时间为个人最好成绩。为了考量进步，运动员每比最好成绩加快 1/4 秒就得 1 分。每次缩短时间就有了一个新的最好成绩。

阶段 2

运动员站在锥筒 H 处，背对锥筒 A。运动员倒退跑向锥筒 A，跑到锥筒 A 后，立刻变为冲刺跑，跑向圆圈上的任意一个锥筒。重复此练习，直到跑完圆圈上的每个锥筒，每次都顺时针慢跑回到起点 H，继续进行下一次练习。

比赛

与上一个比赛一样，这是自我测试比赛，运动员记录每一次跑动的时间，如果倒退跑和转为冲刺跑的技术不正确,则成绩不予记录。记录所有 8 次练习的时间,相加之后得到一个总时间就是个人最好成绩。运动员每比最好成绩加快 1/4 秒就得 1 分。每次缩短时间就有了一个新的最好成绩。

阶段 3

此练习包含了侧向跑、倒退跑以及冲刺跑，是一种测试敏捷性的方法。这项练习需要 2 个敏捷梯和 5 个锥筒。运动员由锥筒 A 开始，从左到右侧向跑过两个敏捷梯，每一个小方格内踏入一只脚，臀部和双肩保持在同一平面，一直跑到锥

筒 B。在两个敏捷梯之间，必须进行侧向
跑。随后运动员继续从右到左侧向跑回到
锥筒 C。然后从锥筒 C 倒退跑到锥筒 D，
再从锥筒 D 冲刺跑到锥筒 C，转身，从锥
筒 C 倒退跑向锥筒 E，最后从锥筒 E 冲刺
跑向锥筒 C。

比赛

记录运动员完成整个练习的时间。每
名运动员在侧向跑过敏捷梯时，两只脚依
次跑过敏捷梯，每一个小方格内只踏入一

只脚。必须要触碰到每个锥筒之后，才开始下一轮练习。进行 4 次计时之后，将
最短的一次时间作为运动员的最好成绩。然后在练习中，成绩每次在自己最好成
绩的基础上提高 1/4 秒就得 1 分。每提高一次成绩，就创造了新的最好成绩。

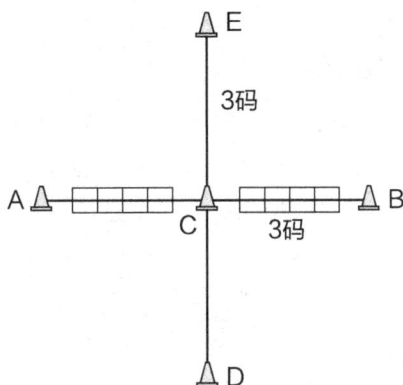

练习 8.5
障碍跑

年龄范围

8 ～ 14 岁。

目的

提高运动员在比赛中迅速改变方向的能力。

益处

在大多数运动中，不会出现很多直线的冲刺跑。更多的是在不同的情况下，
必须调整方向，以最快的速度从 A 点到达 B 点。此项练习就是模拟在比赛中运动
员追逐对手的情景。

设施

5 个锥筒和 1 块秒表。

设置

锥筒 A 作为起点，将锥筒 B 放在锥筒 A 正前方 10 码（约 9 米）处。从锥筒
B 处向左量 5 码（约 4.5 米），再向后量 5 码（约 4.5 米），放置锥筒 C。锥筒 D
放在与锥筒 B 同一水平线上，距离为 10 码（约 9 米）。从锥筒 D 向后量 10 码

（约 9 米），放置锥筒 E。

执行动作

运动员以最快的速度从 A 跑到 B，跑到 B 点时，运动员的右脚着地，左肩下沉，从锥筒的右侧跑过，向 C 点冲刺，跑到 C 点时，运动员的左脚着地，右肩下沉，从锥筒的左侧跑过，向 D 点冲刺，跑到 D 点时，运动员的右脚着地，左肩下沉，从锥筒的右侧跑过，向 E 点冲刺。完成之后，重新开始，反方向从 E 点跑向 A 点。运动员拐弯时用错脚或肩膀没有直接的惩罚，但是一定要告诉他们，采用正确的变向技术可以提高成绩。

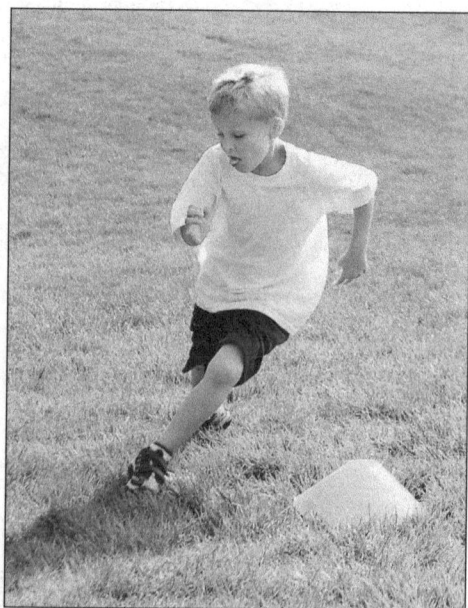

比赛

记录运动员完成练习的时间。记录 5 次之中的最好成绩。以后每次在最好成绩的基础上提高 1 秒就得 1 分。

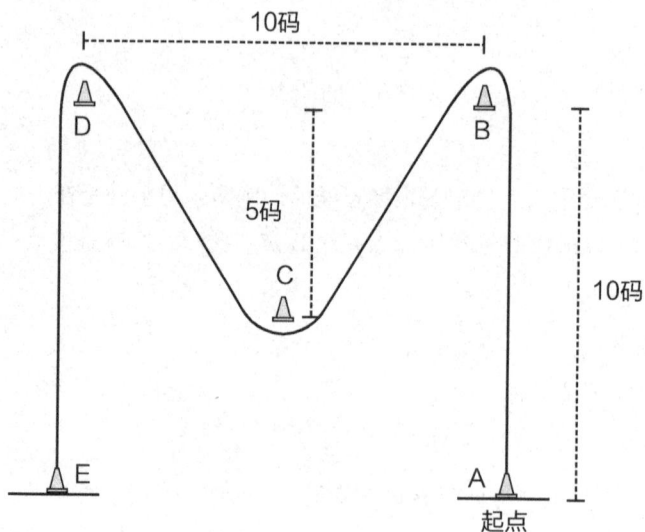

练习 8.6
比赛速度

年龄范围

8 ～ 14 岁。

目的

提高运动员面对阻拦和竞争时的速度。

益处

这项练习可以帮助运动员习惯于急停和启动、变向、跌倒和爬起以及摆脱防守队员，所有这一切都要尽可能快地完成。这项练习适用于很多项目中的跑动，例如棒球、篮球、冰球、长曲棍球、足球和网球。

设施

9 个锥筒和 1 块秒表。

设置

锥筒 A 作为起点，锥筒 B 放在 A 的正前方 10 码（约 9 米）远处，作为圆心，其他锥筒都放在圆圈上，如下图所示。

执行动作

共分为两个阶段。第一个阶段针对于快速变向时的技术。第二个阶段针对于反应，这是运动员在比赛中改变方向的主要原因。

阶段 1

每名运动员从锥筒 A 开始，直至跑完场地中所有的锥筒（A 到 B 到 C，A 到 B 到 D，A 到 B 到 E，A 到 B 到 F，依此类推），需要注意的是，运动员在进行变向时，要注意用正确的脚蹬地。运动员跑完一组 3 个锥筒之后停下来，然后再从锥筒 A 开始跑另一组 3 个锥筒。

比赛

记录运动员以最快速度从 A 到 B 到某一个特定锥筒的时间。圆圈上每个锥筒都有 3 次机会，取最好的成绩记录。记录下圆圈上每个锥筒的最好成绩之后，每个锥筒的成绩比最好成绩提高 1/4 秒就得 1 分。

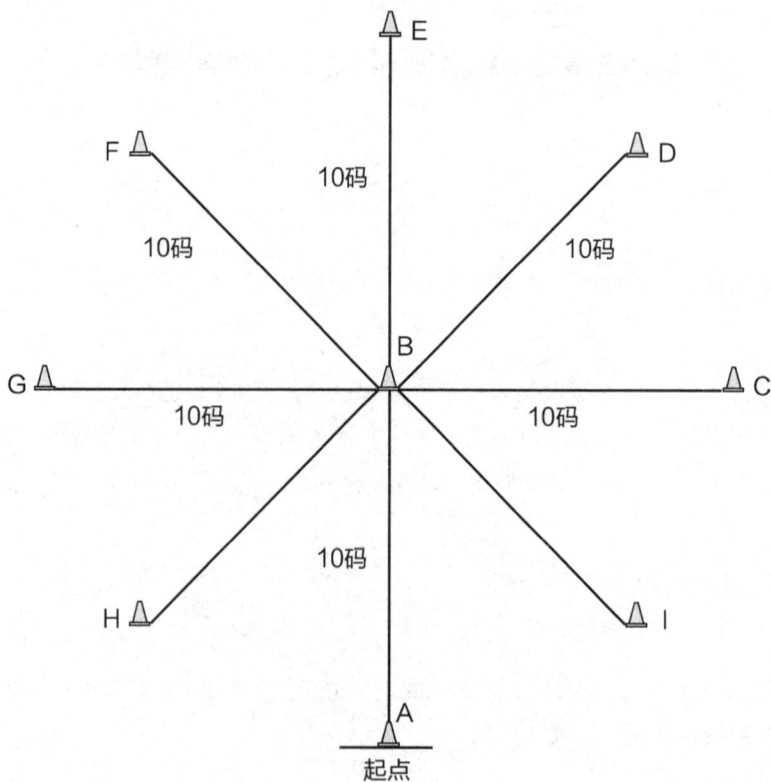

10码

10码　10码

10码　10码

B

G　　　　　　　　　　　　　　　　　　C

10码　　　　　10码

10码

H　　　　　　　　　　　I

A

起点

阶段2

在这项练习中，运动员练习跑动速度和反应速度。跑动的方式和上一个练习一样，但是这项练习有一名同伴站在锥筒B处，当运动员跑到锥筒B的时候，这名同伴随意指向一个锥筒，运动员根据同伴的指示，迅速跑向该锥筒。

比赛

跟前一个比赛一样地记录下运动员的最好成绩，然后运动员每个锥筒的成绩比最好成绩提高1/4秒就得4分。

练习 8.7
离地加速跑

年龄范围

8～14岁。

目的

提高运动员在不同竞争情况下的速度。

益处

此练习模拟对运动场上不同情形进行反应，并过渡到以最快的速度完成练习。

设施

2 个锥筒和 1 块秒表。

设置

锥筒 A 作为起点，锥筒 B 作为终点，距离为 20 码（约 18 米）。

执行动作

运动员以锥筒 A 作为起点。每个运动员每次都以不同的姿势作为起始姿势，比如坐在地上面对起点或背对起点，俯卧或仰卧在地上，或者盘腿坐在地上。接到信号之后，迅速起身，跑向终点。每次需要变换信号的方式，例如声觉（口哨声、喊声、击掌声）、视觉（手势）和触觉（拍肩）。

比赛

每次进行比赛，都记录下运动员的成绩，并试图在记录的成绩基础上取得进步。运动员比每种起始姿势的最好成绩提高 1/4 秒就得 1 分。这让所有运动员可以自我衡量阶段，无需与别人进行比较。

练习 8.8

篮球速度训练

专项
练习

年龄范围

8 ～ 14 岁。

目的

提高运动员在不同情况下的运球速度。

益处

此项练习模拟篮球比赛中速度至关重要的情景。

设施

7 个锥筒、1 个篮球、1 个篮板和 1 块秒表。

设置

将锥筒 A 放置在离篮筐 20 码（约 18 米）的位置。将两个锥筒（B 和 C）放在离锥筒 A 垂直距离为 5 码（约 4.5 米）的位置，B 和 C 之间的距离为 3 码（约 2.7 米）。将两个锥筒（D 和 E）放在离锥筒 B 和 C 垂直距离为 5 码（约 4.5 米）的位置，D 和 E 之间的距离为 3 码（约 2.7 米）。将两个锥筒（F 和 G）放在离锥筒 D 和 E 垂直距离为 5 码（约 4.5 米）的位置，F 和 G 之间的距离为 3 码（约 2.7 米）。最后一对锥筒到篮筐的垂直距离也是 5 码（约 4.5 米）。

执行动作

运动员从起点 A 跑向锥筒 B 和 C，当通过 BC 水平线时，站在 DE 水平线上的同伴将篮球从肩部的高度扔向地面。运动员跑向篮球，控住球，运球，从左至右依次绕过锥筒 F 和 G。运球至篮板下，将球扔向篮板，接住篮球，运球，从右至左依次绕过锥筒 G 和 F，穿过 FG 水平线（终点线）。

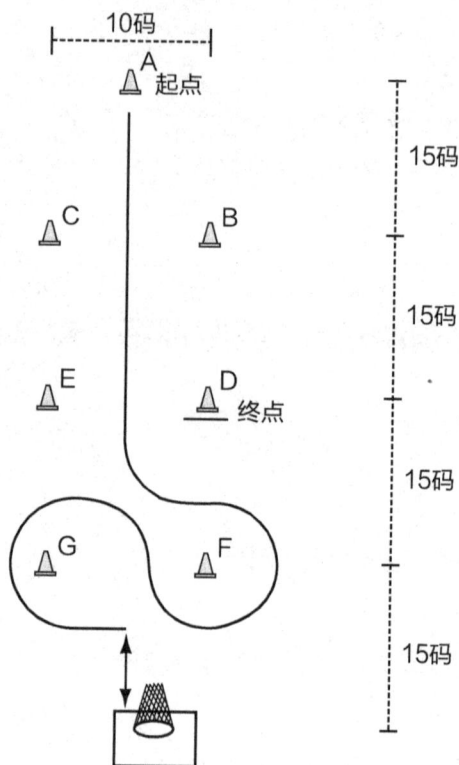

🎖 **比赛**

记录运动员完成整个练习的时间。如果运动员没有绕过 F 和 G 锥筒，每个锥筒罚 3 秒，计入最后的成绩。运动员可以去尝试打破自己的最好成绩。

练习 8.9
足球速度训练

年龄范围

8 ～ 14 岁。

目的

提高足球运动员的速度。

益处

模拟足球比赛中速度至关重要的情景。

设施

8 个锥筒、1 个足球、2 个板凳、6 个 30 厘米高的小栏架和 1 块秒表。

设置

在足球场上，在球场中线处（A 点）放置两个锥筒，间距为 3 码（约 2.7 米）。离起点 20 码（约 18 米）的地方（B 点）再放置两个锥筒，间距为 3 码（约 2.7 米）。在距离 B 点 20 码（约 18 米）、距离边线 10 码（约 9 米）的地方放置一个板凳 C，在往前 5 码（约 4.5 米）靠近边线的地方放置板凳 D。在距离起点 50 码（约 45 米）的地方（E 点）放置两个锥筒，间距为 3 码（约 2.7 米）。在 F 和 G 之间放置 6 个 30 厘米高的小栏架，栏架间的距离为 30 厘米。在 H 点放置两个锥筒作为终点线。足球放置在 B 点。

执行动作

运动员由起点 A 开始跑向 B 点的足球。然后运球跑向 C，跑到 C 点后，将球踢向板凳，模拟 2 过 1，之后运球跑向 D，再将球踢向板凳，模拟 2 过 1。之后运球跑向 5 码（约 4.5 米）远处的 E 点。之后运球跑向下一个锥筒 F。之后运球跑向小栏架，球从栏架下方经过，运动员则要跳过小栏架。最后运动员需要运球到终点 H。

🎖 **比赛**

记录运动员完成这个 80 码（约 73 米）练习的时间。如果运动员传球漏掉了一个板凳，或是足球没有穿过所有的小栏架，都要在总时间上加上 3 秒。运动员可以衡量自己的进步和尝试打破自己的记录。

第**9**章

训练敏捷性

运动员的敏捷性主要是指身体速度、柔韧性、身体活动范围和肢体反应速度。敏捷性是塑造所有运动员素质的核心要素。对于篮球运动员来说，敏捷性可以使其在场上更加高效地快速移动。而对于美式足球运动员来说，敏捷性反映在拦截和阻挡等技术较高的基本动作上。接球手在传球路线跑动、退后绕过对手的四分卫，防守接球手的后卫，等等。在足球比赛中，敏捷性也非常有用。事实上，在几乎每一项对抗性动作中，不论是带球、与队友配合还是防守，敏捷性都起到至关重要的作用。

要想在任何运动中取得成功，运动员必须能够最高效的移动。敏捷性训练主要涉及运动员移动过程中的身体意识和运动节奏。当运动员以不同速度执行不同动作时，其身体感觉越好，比赛越能较轻松成功。这种本体感觉，也称为肌肉记忆或肌肉感知。事实上，它是身体在不同情况下建立并记住和做出反应的节律（这个概念已经在第 4 章解释过）。我们来考虑一名年轻运动员参加一场足球比赛。在比赛过程中，会有非常多的身体组合动作，比如走跑结合、一只脚向某个方向切入紧接着另一只脚向相反方向切入、带球跑或传球、接球等，所有这些采用各种速度的动作都必须以一种流畅的过渡方式进行。敏捷性和协调性紧密相关，同时敏捷性训练也是发展协调性的一个重要前提。让我们设想一些专项运动协调性技能，如橄榄球四分卫在跑动中投掷，足球运动员跃顶头球，曲棍球运动员在全速前行中保持节奏准备随时准确射门，等等，如果运动员没有发展这方面的敏捷性，这些动作是不可能完成的。

随着运动员发展其敏捷性素质他们的身体意识也会提高。具有良好敏捷性的运动员不需要思考自己在做什么动作，而是利用身体和意识，靠直觉去执行。一名敏捷的橄榄球跑卫在球场上避开拦截队员时，身体并没有考虑需要哪些动作，但是他的潜意识知道自己的身体必须为了应对那些特定情况而做出相应的反

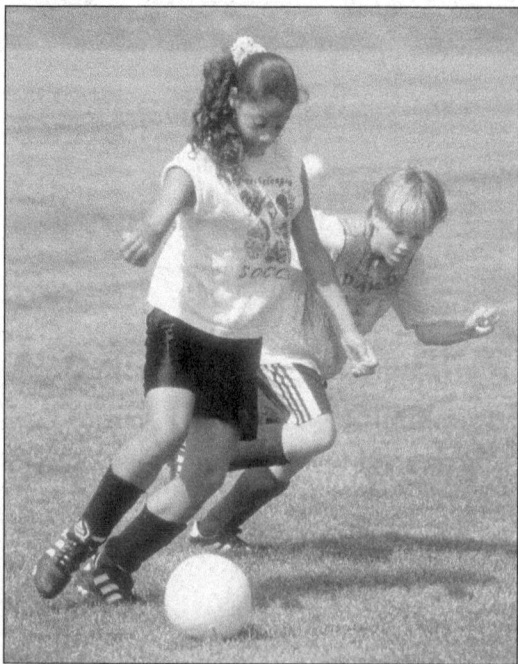

敏捷训练可以培养身体意识，使运动员能够执行特定的专项运动技能，例如在对手周围带球移动。

应。篮球运动员可以在无意识的情况下，通过左脚交叉到右脚的变向绕过防守队员。敏捷性训练可以让身体做好准备，在面对关键球时能快速反应，寻找有效、高效的移动路径，并以此提高总体运动能力。所有类型的上下身运动，无论是单独的还是整体配合的，敏捷性训练都是不可或缺的一环。表现全面和成功的运动员都不能缺少这个重要的身体素质。敏捷训练可以培养运动员的创造能力，使他们能够提升自己的运动能力和开发出自己的运动风格。

有些教练将敏捷性训练与综合体能练习混为一体，我们并不推荐这样做。敏捷技能非常重要，应该单独拿出来练习。敏捷技能对于让机体熟悉和掌握特定的身体动作至关重要。运动员在受控状态下完全确定好身体动作后，才能在不同状态和变换形式下增加身体动作的复杂性。例如，他们可能会增加耐力或与其他任务的协调性，如在橄榄球跑动中传球，或者在地面滑行的同时快速将球掷给一垒。

越早接触敏捷性训练的年轻运动员，他们的综合表现能力也提高得越快。在所有运动要素中，对于孩子学习而言，敏捷性应该是最有乐趣的，因为它富有创造性。没有任何一个运动员的动作是完全一模一样的，所以每个运动员都必须找到自己运动的最有效方法。这就是运动员可以开发自己的风格。顶尖运动员如新奥尔良圣徒队的雷吉·布什、迈阿密热火队的德怀恩·韦德，或波士顿红袜队的松坂大辅，他们的所有移动动作都有自己独特的、富有创造性的特点。敏捷性训练可以培养年轻运动员开发自己与体格和培养能力相关的风格。本章的练习既有趣，又富有挑战性，孩子们会很乐意持续学习和完善它们。

练习 9.1
身体意识和控制

年龄范围

8 ～ 14 岁。

目的

提高身体意识，学会在移动中控制身体。

益处

由于运动的本质，许多运动员在参与比赛时，他们需要转身、扭动身体或旋转身体，然后必须很快地确定自己的方向，并对周围的环境作出反应。本练习可以训练运动员的意识和身体协同工作能力，快速意识到周边情况并作出积极反应。

设施

一把至少 18 英寸（约 45cm）高的椅子或凳子。

设置

运动员站在椅子或公园长凳上，保证他们前方跳落区域是平坦和干净的。

执行动作

首先，运动员反复从椅子或凳子上跳落至前方空地上。经过几次跳跃，要求运动员开始注意他们每次从椅子上跳下来的着地姿势。正确的着地姿势应该是脚趾着地，膝盖微微弯曲，臀部呈坐姿，头向上，手臂肘关节弯曲呈 90°角。运动员通过身体感觉，完成正确的着地姿势，然后按阶段进行正确的后续练习。共分为三个阶段，从简单地跳离椅子并控制运动员脚部的着地和姿势，到更高级的转身和着地姿势。

阶段 1

此阶段训练运动员的身体，使之变得有感觉并能控制整个动作。运动员从椅子或长凳上跳下（a）；运动员充分利用臀部、手臂和肩膀来转动身体（b）；运动员尝试双脚同时着地并与长凳左侧呈 90°角（c）；同样的动作，重复右侧，注意着地时脚的正确姿势。本练习的目的是使运动员下跳落地时，双脚始终保持与左侧或右侧长凳呈 90°角。

阶段 2

此阶段强调身体意识，要求运动员闭上眼睛来增加难度。这迫使运动员使用身体来估计和感觉，并做出正确的调整，而不是依赖于视觉。运动员闭上眼睛从长凳上跳下，尝试双脚同时着地并与右侧长凳呈90°角。同样的动作，重复左侧。

阶段 3

此阶段主要通过提高跳跃的难度来开发身体意识。运动员跳离长凳（a）；在空中转体 180°并面向长凳着地（b）。运动员每次尝试双脚着地，面向长凳。重点强调正确的着地位置。

练习 9.2
变向移动

年龄范围

8 ～ 14 岁。

目的

让运动员尽快进入运动状态，帮助运动员运用于同身体姿势和在比赛中提高机动性。

益处

在运动中，运动员经常处于一个生疏或不舒服的环境下，而他们必须去完成运动。有些运动员由于身体灵活性和整体意识的不足，导致他们需要一段时间来适应运动。身体灵活性越好，在比赛中越能有效地发挥。本练习是训练身体进入运动状态以执行标准动作的第一个阶段。

设施

一个 3 英寸（约 7 厘米）的锥筒或橡胶圆垫、一个 8 英寸（约 20 厘米）的锥筒、一个 15 英寸（约 38 厘米）的锥筒以及一个 2 英尺（约 61 厘米）的锥筒。

设置

在距离第一个锥筒和最后一个锥筒三码（约 2.7 米）外的距离处，分别标志起跑线和终点线。在起点线到终点线之间每隔三码（约 2.7 米）放置一个不同尺寸的锥筒或橡胶圆垫。锥筒保持在一条直线上。

执行动作

每个运动员沿着直线跑，跑到第一个锥筒后，把手放在锥筒上并保持住，围绕锥筒跑一圈，然后继续跑到下一个锥筒。运动员重复该动作，直至他们完成 4 次绕锥筒跑圈并冲过终点线。

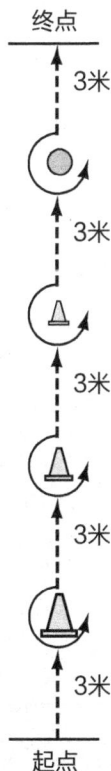

终点

3米

3米

3米

3米

3米

起点

比赛

记录运动员完成整个过程所花费的时间。若运动员在绕锥筒转圈时手离开锥筒，每发生一次增加两秒时间。运动员在完成 5 次锥筒跑时，从每次成绩中挑出个人最好成绩。以后，运动员每次训练时在个人最好成绩的基础上每加快 1/4 秒，加 1 分。

练习 9.3
多项连续运动

年龄范围

8 ～ 14 岁。

目的

用于开发在多种比赛条件下如何移动并重新调整动作的意识。

益处

许多运动场合的运动员在比赛过程中必须一次完成多个连贯动作，因此，学习同时完成多个不同的动作非常重要。本练习可以帮助运动员开发多方位运动的技能。

设施

8 个锥筒、3 个 6 英寸（约 15 厘米）小栏架和一个体操垫。

设置

在距离体操垫 3 英尺（约 91 厘米）的地面上放置一个锥筒，作为起点。在距离体操垫另一侧 5 码（约 4.5 米）远的地方放置一个锥筒。在垫子的起跑线一侧，放置 3 个 6 英寸（约 15 厘米）高的小栏架，间隔约 2 英尺（约 61 厘米），在距离最后一个小栏架 3 英尺（约 91 厘米）远的地方放置一个锥筒。在距离该锥筒 5 码（约 4.5 米）处放置另一个锥筒作为终点线（参见图示）。

执行动作

本练习分为两个阶段。重点强调多方位运动和连续的身体重新调整。

阶段 1

开始时，运动员面向垫子呈站立姿势，在垫子上做一次前滚翻。然后运动员立刻起身走下垫子跑到 5 码（约 4.5 米）远的锥筒，同时手按住锥筒转一圈。紧接着运动员往回跑，跑到起跑线另一侧，在垫子上做第二个前滚翻，起身走下垫子后，连续跳过三个间距两英尺（约 61 厘米）的小栏架，在距离最后一个栏架三英尺（约 91 厘米）远的锥筒上做第二个手按锥筒转一圈。最后运动员冲过距锥筒 5 码（约 4.5 米）远的终点线。本练习重点强调在运动与完全控制身体之间的平稳转换。

比赛

记录运动员完成整个过程所花费的时间。运动员未越过栏架或者在围绕锥筒转一圈时手未接触锥筒，每出现一次增加两秒时间。运动员共完成 5 次，挑出其中的最好成绩作为个人的基本时间。在以后的练习中，运动员每次训练时在上一次最好成绩的基础上每加快 1/2 秒，加 5 分。

阶段 2

重复阶段 1，但在结束之前增加了 4 个间距 3 码（约 2.7 米）呈 "Z" 字形排列的锥筒。每个运动员在跑到终点前要用手触摸每个锥筒（不绕圈）。

比赛

记录运动员完成整个过程所花费的时间。运动员未越过栏架，或者在围绕锥筒转一圈时手未接触锥筒，或者在终点前未触摸每个锥筒，每出现一次增加两秒时间。运动员共完成 5 次，挑出其中的最好成绩作为个人的基本时间。在以后的练习中，运动员每次训练时在上一次最好成绩的基础上每加快 1/2 秒，加 5 分。

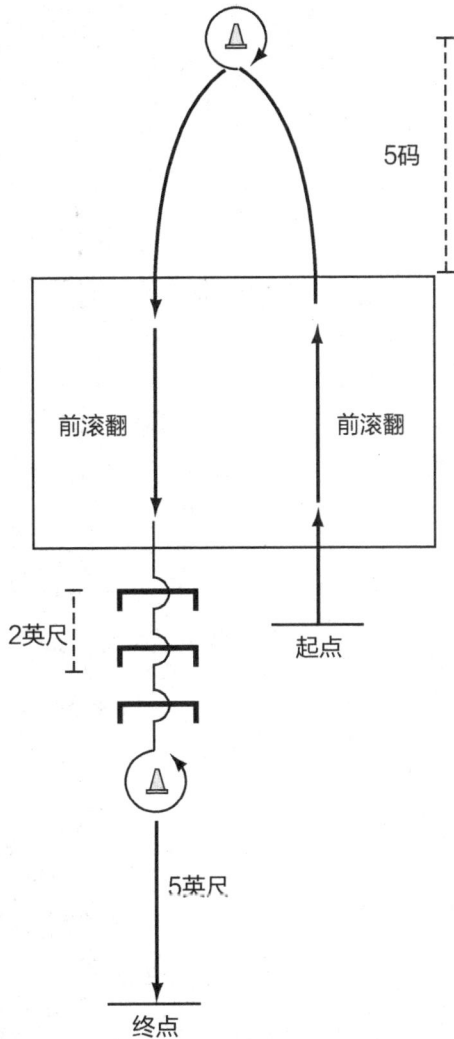

5 码

前滚翻　　　前滚翻

2英尺

起点

5英尺

终点

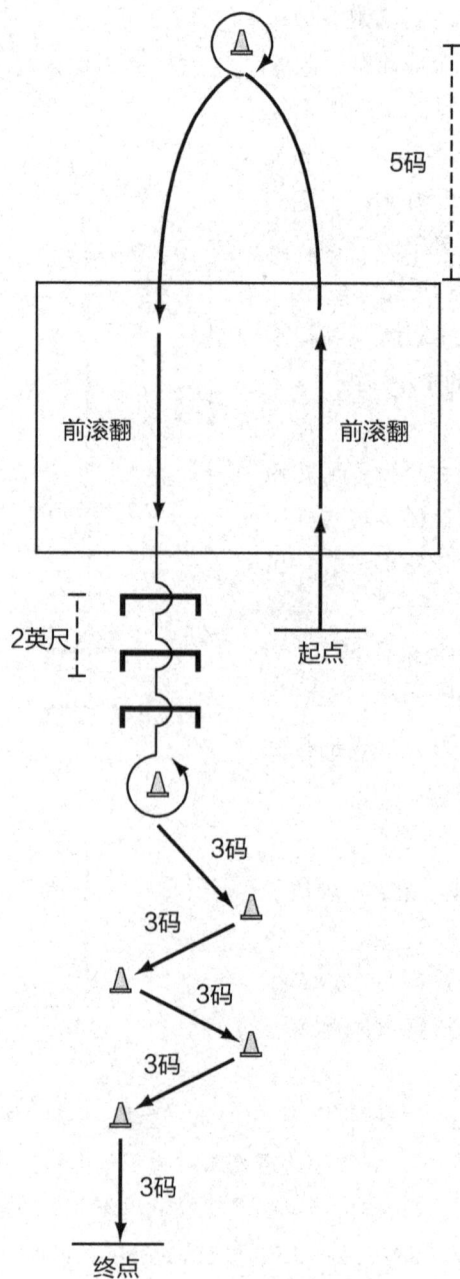

5码

前滚翻　　　前滚翻

2英尺

起点

3码

3码

3码

3码

3码

3码

终点

练习 9.4
加快腿部速度

年龄范围

8 ～ 14 岁。

目的

改善整体脚部运动。

益处

几乎所有运动都涉及到下肢运动。无论是在田径场上、球场上，还是在冰上，动作技能娴熟的运动员都能在对手之前踩好正确的点，将自己置于有利位置，让自己或团队取得最终的胜利。

设施

敏捷梯（或者用粉笔在路面上画 8 个边长为 1 英尺 /30 厘米的连续方格）和 4 个锥筒。

设置

运动员从敏捷梯的一端开始，在另一端结束。

执行动作

共分为三个阶段，逐步进阶。锻炼脚部的连续运动。注意在大多数敏捷训练中，我们应重点专注于一系列的下肢运动。

- 横向运动：在每一步跑动中，双脚滑过但不要交叉和触碰。手臂靠近身体，保持肘部弯曲，臀部和肩部保持正直，重心位于脚趾肚上。
- 交叉运动：脚一前一后快速跨过。臀部和肩部保持正直，重心位于脚趾肚上，手臂靠近身体并稍微弯曲，手臂不要随身体摆动。
- 倒退跑：重心位于脚趾肚上，腰微微向前弯曲，手臂贴近身体，快速向后摆动。（请参阅第 8 章倒退跑技术。）

阶段 1

记录运动员首先沿着梯子一侧跑动。将两只脚放入梯子的每一格，然后立即移动到下一格，连续进行，直至跑完所有方格。执行该训练时，要注意孩子们的脚，应该是很自然的才对。经过几次重复后，要告诉孩子们在穿越梯子时应保持头向上，眼睛向前看。

🎗 **比赛**

记录运动员完成整个过程所花费的时间。每次试图将两只脚放在不同方格内均视为失败，加2秒。运动员共完成5次，挑出其中的最好成绩作为个人的基本时间。在以后的练习中，运动员每次训练时在上一次最好成绩的基础上每加快1/2秒，加5分。

阶段 2

此阶段结合了下肢的快速向前运动和快速水平移动，帮助运动员转换到不同的位置。

运动员面朝横放在地面的八阶梯子。在前两个连续的方格中，运动员在每个方格中走两步。然后立刻横向移动到梯子外面的右侧，用手触碰8英尺（约2.4米）锥筒，再快速两步回到下一个梯子方格中。运动员继续沿着梯子向前，在下一个方格中走两步后，再次横向移动到梯子外面，这次是左侧，用手触碰8英尺（约2.4米）锥筒。重复此序列，直至走完整个梯子。可以通过在外面放置较小的锥筒来增加难度。

🎗 **比赛**

记录运动员完成整个过程所花费的时间。每次试图将两只脚放在不同方格，每次横向移动或向前移动出错，均视为失败，加2秒。运动员共完成5次，挑出其中的最好成绩作为个人的基本时间。在以后的练习中，运动员每次训练时在上一次最好成绩的基础上每加快1/2秒，加5分。

阶段 3

在此阶段中，我们结合几个快速动作（后退、横向和向前）来帮助运动员增强针对难于协调动作的移动节奏和感觉。

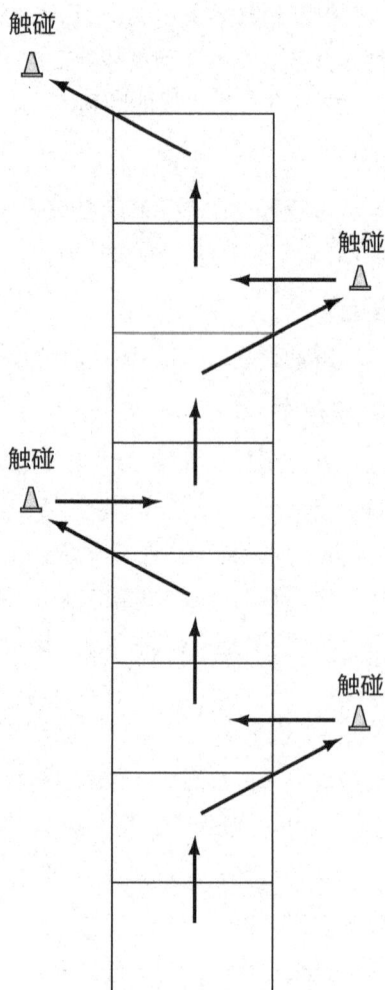

运动员开始时背向敏捷梯。向后踏入第一个方格内，快速原地踏两步，立刻横向往右踏入下一个方格（臀部要与梯子左侧保持正直）。原地踏两步后，快速向前迈出梯子。原地快速踏两步后，横向往右移动，靠近梯子前方的下一个方格，以便运动员退回到梯子中。原地踏两步后，紧接着退回到梯子中。重复此序列，直至走完所有八阶梯子。

观察运动员在移动到下一位置之前，在每个方格内踏两步。这样可以让他们领悟并创建一个完美的节奏。同时也要确保他们完成每次移动时，保持肩部和臀部正直。

比赛

记录运动员完成整个过程所花费的时间。每次试图将两只脚放在不同方格，每次后退、横向或向前移动出错，均视为失败，加 2 秒。运动员共完成 5 次，挑出其中的最好成绩作为个人的基本时间。在以后的练习中，运动员每次训练时在上一次最好成绩的基础上每加快 1/2 秒，加 5 分。

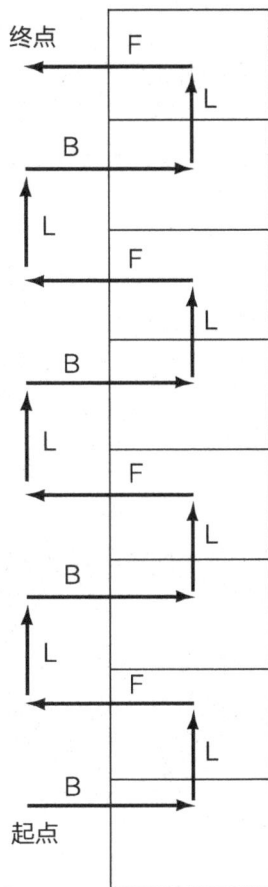

终点

F

L

B

L

F

L

B

L

F

L

B

L

F

L

B

起点

B = 后退
L = 横向往右
F = 向前

练习 9.5
双腿交叉移动

年龄范围

8 ～ 14 岁。

目的

改进步法。

益处

大多数运动都需要下肢快速交叉来启动或变更方向（想象一下内野手将地滚球扫入内野的第一步，冰球运动员突然变向，或者长曲棍球手躲避防卫者）。本练习锻炼双脚在进行向前和向后多重转换时的移动，有助于熟悉身体运动。

设施

8 个锥筒。

设置

将 8 个锥筒在地面上分为 2 行，行间距 5 码（约 4.5 米）。在左边一行，放置 3 个间距为 10 码（约 9 米）的锥筒；在右边一行，放置 5 个间距为 5 码（约 4.5米）的锥筒（参见图示）。

执行动作

分为两个阶段。锻炼横向两侧移动和交叉腿。

阶段 1

运动员首先从锥筒 A 向锥筒 B 快速地将左脚交叉到右脚前面（a）。紧接着右脚回滑至与左脚平行，这样两条腿就不会交叉（b）。然后左脚立刻交叉到右脚后面，接着右脚回滑至与左脚平行。循环此序列，直至到达锥筒 B。然后，朝相反方向继续重复动作直至到达锥筒 A。

阶段 2

运动员在掌握了双向基础移动步法之后，开始进行第一部分的训练。首先，运动员在锥筒 A 处，从左至右交叉双脚移动到锥筒 B。然后按相反方向从锥筒 B返回到锥筒 A，旋转，从左至右交叉双脚以一定角度移动到锥筒 C，再次旋转，从右至左交叉双脚以一定角度移动到锥筒 D。然后从左至右交叉双脚移动到锥筒 E，再按相反方向交叉双脚返回到锥筒 D，旋转，从左至右交叉双脚以一定角度移动到锥筒 F。继续旋转，从右至左交叉双脚以一定角度移动到锥筒 G，从左至右交叉双脚移动到锥筒 H，再按相反方向交叉双脚从锥筒 H 返回到锥筒 G，结束。

🏅 比赛

记录运动员完成整个过程所花费的时间。运动员共完成 5 次，挑出其中的最好成绩作为个人的基本时间。在以后的练习中，运动员每次训练时在上一次最好成绩的基础上每加快 1/2 秒，加 5 分。

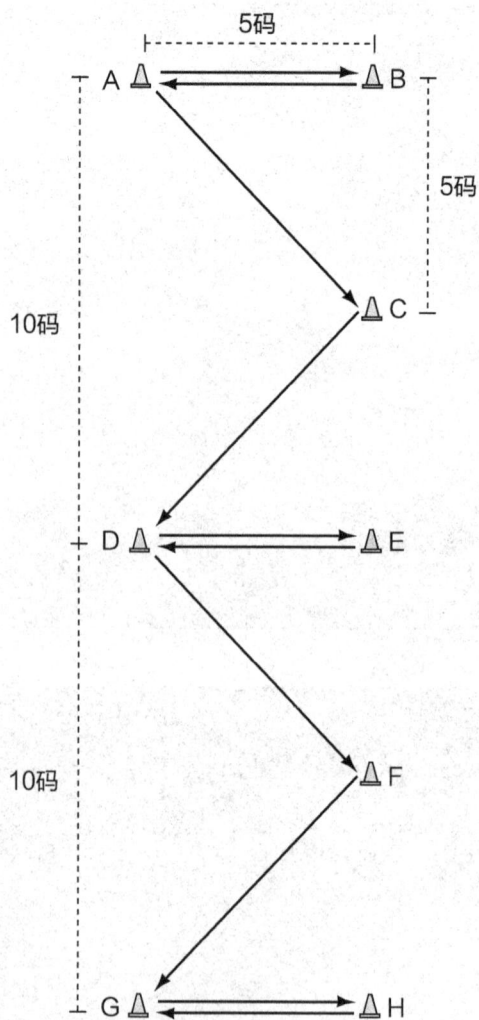

练习 9.6

30 码运动障碍

年龄范围

8～14 岁。

目的

通过模仿移动提高动作敏捷性。

益处

本练习对于球场上的运动非常有用，如橄榄球、长曲棍球和足球。在竞技场上，很少有运动员在前场跑直线。更常见的是，运动员在整个比赛过程下，反复地模仿敏捷性跑步测试。本练习试图模拟运动员在球场上进行比赛时运动的敏捷性。

设施

4 个橘色锥筒和 3 个蓝色锥筒。

设置

标记好起跑线，在距离起跑线正前方 5 码（约 4.5 米）放置一个橘色锥筒（锥筒 A）。然后在其右侧 2 码（约 1.8 米）处放置一个蓝色锥筒（锥筒 B）。在距离锥筒 B 的左侧 3 码（约 2.7 米）处放置一个橘色锥筒（锥筒 C）。在距离锥筒 C 正前方 5 码（约 4.5 米）处放置一个橘色锥筒（锥筒 D）。在距离锥筒 D 右侧 2 码（约 1.8 米）处放置一个蓝色的锥筒（锥筒 E）。在距离锥筒 E 左侧 3 码（约 2.7 米）处放置一个橘色锥筒（锥筒 F）。最后一个蓝色锥筒（锥筒 G）距离终点线为 5 码（约 4.5 米），与右侧锥筒 F 相距 2 码（约 1.8 米）。最后在距离锥筒 G 正前方 5 码（约 4.5 米）处标记终点线。

执行动作

运动员要尽可能快地成功操作并完成本练习。他们必须向左绕过所有橘色锥筒，向右绕过所有蓝色锥筒。运动员开始从锥筒 A 左侧跑步绕过，并快速跑到锥筒 B。从锥筒 B 的右侧绕过，继续从左侧绕过锥筒 C。然后快速直线跑到锥筒 D 左侧，向右绕过锥筒 D 跑到锥筒 E 右侧。向左侧绕过锥筒 E 跑到锥筒 F 左侧，向右绕过锥筒 F 跑到锥筒 G 右侧。最后通过锥筒 G 右侧直线跑到终点线。建议按相反方向跑步完成比赛，以模拟运动员在球场上的运动。

本练习可以附加一些专业运动技能，如携带橄榄球并转移到正确的手，处理长曲棍球问题，足球控球，以增加训练的难度。

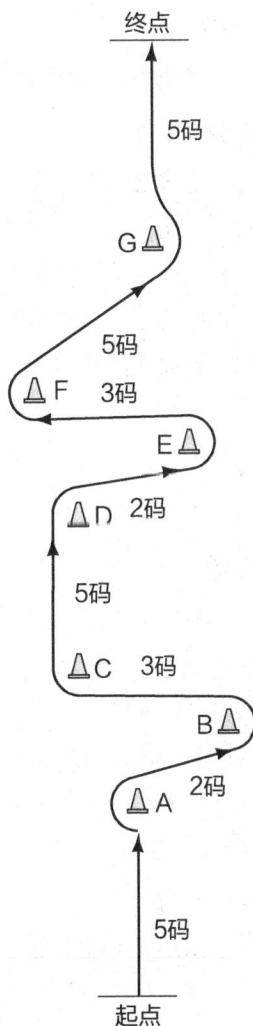

147

![比赛徽章] **比赛**

记录运动员要花多久时间完成课程，每错过一个锥筒，增加2秒，每次在锥筒处跑错方向，再加2秒。

练习 9.7
止步、转体和离去

年龄范围

8～14岁。

目的

提高身体整体控制能力。

益处

在橄榄球、长曲棍球和足球运动中，在球场上面对一个防卫者时，最有效的动作是旋转或180°转体，然后立即走开以摆脱对手。这个动作需要运动员快速地停止向前运动，固定一只旋转脚，然后转动直至摆脱并跑向开放空间。本练习模拟了一个重要动作，该动作应成为每个运动员的必备技能。

设施

7个锥筒。

设置

锥筒A作为起点线。距离起点10码（约9米）处放置锥筒B，在锥筒B向前5码（约4.5米）处放置锥筒C。在锥筒C左侧向前距离5码（约4.5米）处放置锥筒D。在锥筒D右侧向前距离5码（约4.5米）处放置锥筒E。最后在锥筒E向前距离5码（约4.5米）处放置两个锥筒作为终点线。

执行动作

运动员在锥筒A起点线处开始向前跑10码（约9米）到达锥筒B。在锥筒B前方固定左脚（将锥筒假设为一个对手），绕左脚旋转，姿势为背对锥筒，将身

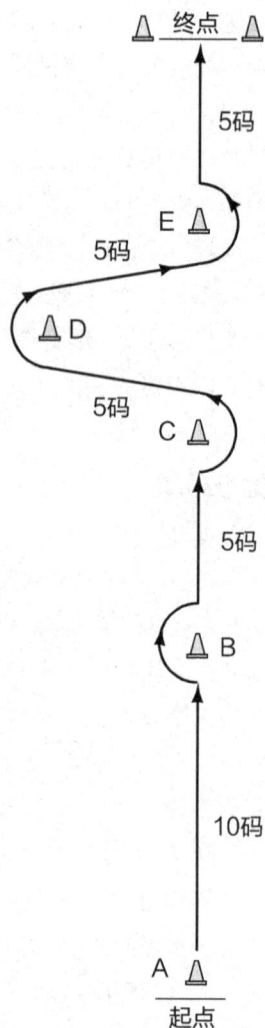

体转至锥筒左侧。然后迅速冲刺跑到锥筒 C 的前方，固定右脚，绕右脚旋转，姿势为背对锥筒，将身体转至锥筒右侧。直到到达锥筒的另一侧。快速冲刺跑到锥筒 D，固定左脚，绕左脚旋转，姿势为背对锥筒，将身体转至锥筒左侧。快速冲刺跑到锥筒 E，固定右脚，绕右脚旋转，姿势为背对锥筒，将身体转至锥筒右侧。最后快速冲刺到终点。

比赛

在橄榄球和长曲棍球比赛中，在球场上进行跑动和旋转时，一定要正确地握棍和控球。按整个过程花费的时间来计分，再加上正确使用固定脚和转体方向。每次出现固定脚或转体方向不正确，在最终时间的基础上增加 3 秒。

专项
练习

练习 9.8
跑动射门与跑动投掷

年龄范围

8 ～ 14 岁。

目的

改善中棒球、橄榄球和长曲棍球跑动时的技能。

益处

本练习重点强调快速步法组合和稳定的身体控制能力，以提高专业运动技能。

设施

6 个锥筒、长曲棍球球门或棒球方块挡网 [用胶条标记一个边长为 3 英尺（约 91 厘米）的正方形方格]、1 个足球橡胶圆垫、5 个棒球、5 个橄榄球、5 个长曲棍球、5 个足球和 1 根长曲棍球棍。

设置

在水平一行上放置 3 个间隔 5 码（约 4.5 米）的锥筒（锥筒 F、A 和 B）。在锥筒 A 正前方 5 码（约 4.5 米）

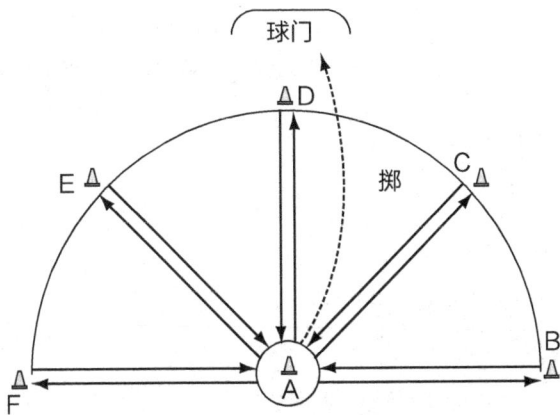

处放置锥筒 D，斜 45° 方向处放另一个锥筒（锥筒 C），斜 135° 方向处放最后一个锥筒（锥筒 E）。如果目的是为了提高棒球、橄榄球或足球技能，可以在锥筒 D 后面 5 码（约 4.5 米）处放置一个棒球挡网或一个障碍。如果是为了提高长曲棍球技能，可以在锥筒 D 后面 5 码（约 4.5 米）处放置一个长曲棍球门。

棒球或橄榄球

运动员从锥筒 A 处开始，拿起棒球或橄榄球跑到锥筒 B（注意运动员身体不应面朝锥筒 D 后面的球门）。然后返回锥筒 A，并将球掷向锥筒 D 后面的球门。确保运动员在锥筒 A 处将球掷出，而不是到达锥筒 A 之前掷出。运动员继续完成相同的动作，连续从锥筒 C、E、F 处返回锥筒 A 后掷球。强调运动员在每次到达锥筒 A 处时，要尽快毫不犹豫地将球掷向球门。

🏅 比赛

记录运动员完成整个过程所花费的时间。每击中一次目标减 2 秒。

足球

重复上述棒球和橄榄球的动作，但是每次需要用脚运球至 A 处橡胶圆垫上，然后将球踢向球门。

🏅 比赛

记录运动员完成整个过程所花费的时间。每射中一次目标减 2 秒。

长曲棍球

重复上述棒球和橄榄球的动作，但是将目标改成长曲棍球门。

🏅 比赛

记录运动员完成整个过程所花费的时间。每击中一次目标减 2 秒。

练习 9.9
足球敏捷性

年龄范围

8 ~ 14 岁。

目的

结合控球技术和步法来提高整体敏捷性。

益处

开发运动员步法和下肢控制能力。

设施

5 个足球和 25 个锥筒。

设置

在水平直线上放 5 个间隔 2 码（约 1.8 米）的足球。5 个锥筒间隔 1 码（约 0.9 米）排成一列，与球场上每个球（5 个球排成一行）互相垂直（参见图示）。

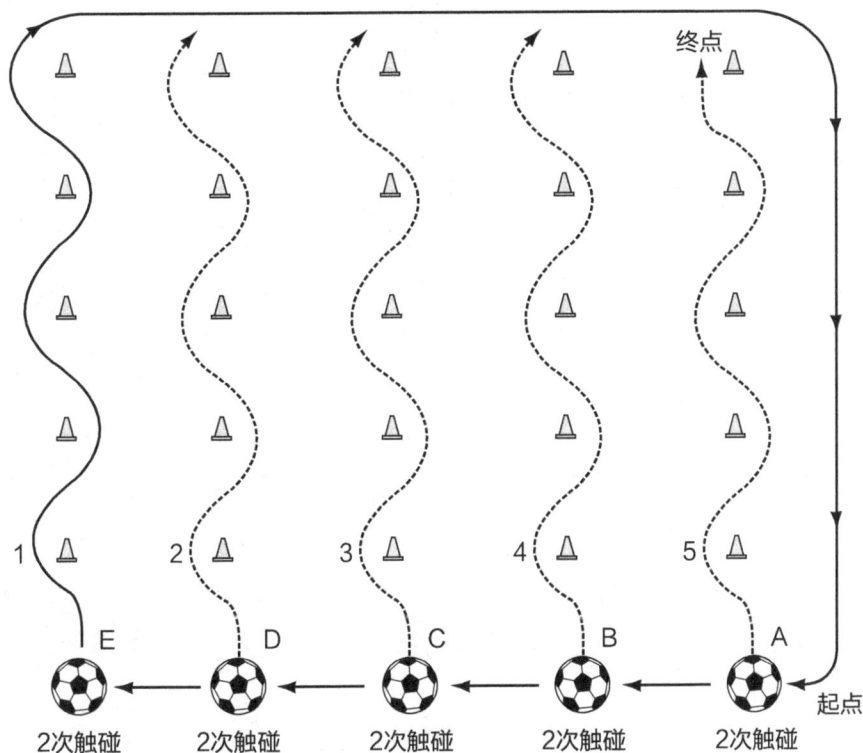

执行动作

运动员开始时用每只脚触碰一下 A 球顶部，保持 A 球稳定，然后向左走几步，继续用每只脚触碰下一个球（B 球）的顶部，依此类推，直到触碰完所有球。在触碰 E 球两次后，运动员运球绕过 E 球前方 5 个间隔 1 码（约 0.9 米）的锥筒，将球留在最后一个锥筒边。继续向右跑过所有锥筒，直至再次达到 A 球处。然后运动员重复从 A 球到 D 球的两次触碰动作，保持每个球稳定。在触碰 D 球两次后，运动员运球绕过 D 球前方 5 个间隔 1 码（约 0.9 米）的锥筒，将球留在最后一个锥筒边。这样继续循环，直到最后触碰 A 球上方两次，并运球通过最后 5 个锥筒。

比赛

记录运动员完成整个过程所花费的时间。每球未触碰两次或每错过（或碰倒）一个锥筒加 1 秒。

附录
投掷技巧

    以下技巧虽然不全面，但可以帮助年轻运动员在本书练习和比赛中准确而有效地实施投掷技能。在训练过程中，运动员使用高效的投掷方式非常重要，这样可以帮助他们建立肌肉记忆，培养正确的投掷习惯。

如何投掷棒球

    为了准确一致地掷出棒球，运动员必须将不做投掷动作的一侧肩部指向目标。确认运动员保持肩部与地面保持平行，以确保准确性。投掷手臂必须保持肘部在肩部以上。虽然运动员倾向于不同的投掷方式，但是通常来说最好的投掷方法是从头顶投掷，而不是从身体一侧投掷。头顶投掷和 3/4 手臂运动是两种最常见也是推荐的技术动作，可以提高准确性和一致性。当球从手中掷出时，前脚（对于习惯右手投掷的人来说是左脚）应该固定在地面上，用后脚的脚趾肚蹬地。

    对于短距离的精准投掷（如从游击手到 ·垒），运动员应该积聚尽可能多的动量，然后转向目标。通过拖曳双脚冲向目标来完成（脚不应该交叉，运动员跳跃时也不必保持肩膀水平），这减少了运动员和目标之间的距离。在拖曳双脚朝向目标并掷出球后，运动员会紧随投掷动作继续朝着预定目标移动，这说明向前投掷动作是正确的。

    对于较远的投掷（如从左外野到主队），运动员应该用整个身体来产生尽可能多的爆发力。这是通过在准备投掷时产生动量来完成的，先是走几大步，然后朝着目标来一个轻微的单脚跳和一个分步跳。分步跳涉及重心从后脚（对于习惯右手投掷的人来说是右脚）到前脚的正确转移，以及一次强有力的头顶投掷。

如何投掷橄榄球

    投掷橄榄球有一种标准方式。运动员用手指散开持球，食指伸向球的尖端。

最佳的投掷姿势始于两脚与肩同宽，并且将不做投掷的一侧肩部朝向目标。用双手将球带回至投掷姿势，将球直接推至耳朵后侧，球的背面要与投掷运动员的背部呈一条直线。在投掷之前，运动员的重心应稍微移至后脚。开始投掷时，下肢先动，将重心从后脚移至前脚，臀部和肩膀跟随前脚。然后运动员的重心移至前脚的前面。不负责投掷的手臂脱离橄榄球，继续围绕身体，拉着投掷手臂向前。当球离开手时，投掷臂要随着球的方向甩出，投掷手的食指要指向目标，掌心朝向地面。

如何投掷长曲棍球

投掷长曲棍球与投掷棒球相似。运动员应该用头夹住球棍，位于投掷一侧的耳朵旁。运动员两肩应与目标保持垂直，其中无棍的肩膀指向目标。开始投掷时，先固定上面靠近头部球棍的手，用上面的手投掷，用下面的手拉，前脚迈步指向目标。运动员用球棍掷出球后，头朝向目标，球棍平行于地面。上面的手通常是运动员的主要投掷手。

作者简介

斯科特·兰卡斯特

　　斯科特·兰卡斯特是 Youth Evolution Sports 的创始人兼 CEO。该公司是一家面向青少年运动市场的多媒体内容运营传媒公司，专门服务于儿童、家长、教练、公司以及各大职业体育联盟和机构。在过去 19 年间，斯科特·兰卡斯特创办了众多青少年体育项目，其中包括与美国足球协会共同开发的合作项目。他曾担任过 NFL 青少年项目的高级总监。

　　作为 *Fair Play* 的作者，他曾被众多知名媒体采访，其中包括美国国家广播公司（NBC）的 *Today Show* 栏目、CNN 有线电视网、美国哥伦比亚广播公司（CBS）的 *Early Show* 栏目、纽约时报、芝加哥论坛报、波士顿环球报、美国国家广播电台（NPR），以及 *Woman's Day* 和 *Ladies' Home* 这两本女性时尚期刊。同时，他在天狼星广播台（Sirius Radio）的 123 频道拥有自己的全国性广播栏目—ABCs of Sports，专门向家长和教练传播普及青少年体育知识。

拉杜·特奥多雷斯库

　　拉杜·特奥多雷斯库在纽约市运营一家综合训练中心。他既训练青少年人群，也指导过一些社会知名人士，比如詹妮佛·洛佩茨（美国歌星）、坎迪斯·伯根（美国演员）、马修·布罗德里克（美国演员）、瓦妮萨·威廉姆斯（美国歌星）等。他曾被 400 余篇杂志期刊文章报道过，并多次在大型会议中进行演讲，还曾在美国各地开展健身专题培训班。他与超级名模及健身爱好者辛迪·克劳馥共同合作策划并完成了一系列的视频健身节目，其中 Shape Your Body 更是一度成为美国最畅销的健身视频。